Doris Dörrie

Leben, schreiben, atmen

Eine Einladung zum Schreiben

Diogenes

Covermotiv: Copyright © Diogenes Verlag
unter Verwendung einer Fotografie von Shutterstock

www.diogenes.ch
150/19/852/6
ISBN 978 3 257 07069 9

Für meine Eltern und meine Schwestern

Row, row, row your boat,
Gently down the stream.
Merrily, merrily, merrily, merrily,
Life is but a dream.
Amerikanisches Kinderlied

Dieses Buch ist eine Einladung zum Schreiben über sich selbst. Wenn man schreibt, schreibt man immer über sich selbst. Es ist abwechselnd wunderbar, schmerzhaft, narzisstisch, therapeutisch, herrlich, befreiend, tieftraurig, beflügelnd, deprimierend, langweilig, belebend. Schreibend halte ich mich am Leben und überlebe. Jeden Tag wieder. Ich schreibe, um diese unglaubliche Gelegenheit, am Leben zu sein, ganz genau wahrzunehmen und zu feiern. Ich schreibe, um einen Sinn zu finden, obwohl es am Ende wahrscheinlich keinen gibt.

Wir sind alle Geschichtenerzähler. Vielleicht macht uns das zu Menschen. Vielleicht haben wir auch nur keine Ahnung, welch großartige Geschichtenerzähler Katzen oder Dromedare sind. Wir können nicht aufhören zu erzählen. In einem endlosen inneren Monolog erzählen wir uns Geschichten über uns selbst. Manche davon sind wahr, einige nur ein bisschen, andere überhaupt nicht. Wir alle sind Fiktion, aber das glauben wir nicht, weil wir uns mitten in ihr befinden wie in einem Fortsetzungsroman.

Schreibend erforsche ich die Welt. Meine Welt. Was beeindruckt mich? Was merke ich mir? Was erschüttert mich? Was erheitert mich? Was begeistert mich? Woran erinnere ich mich?

Ich habe keine Ahnung, wie man etwas schreibt, das sich verkauft. Dafür gibt es andere Bücher mit Titeln à la: Wie ich einen sauguten Roman schreibe. Wie ich ein saugutes Drehbuch schreibe. Wie ich eine saugute Serie schreibe. Ich weiß nur, dass man, wenn man Wort für Wort, Satz für Satz über die Welt schreibt, in der man sich befindet, eine Ahnung von sich selbst bekommt. Während wir Schritt für Schritt weitergehen, ist es wichtig, auf die Umgebung zu achten, auf den Boden unter den Füßen, auf den Himmel über uns und auf die anderen, die gleichzeitig mit uns einen Fuß vor den anderen setzen, bevor wir uns schon wieder von allem verabschieden müssen.

Schreibend erinnere ich mich an mich selbst. Was ist in meinem Gehirn an Bildern und Tönen gespeichert, was für Erinnerungen an Menschen, Orte, Tiere, Gefühle? Jeder von uns ist einzigartig. Niemand hat genau die gleichen Erinnerungen an dieselbe Begebenheit. Das ist doch verrückt! Unglaublich! Ich möchte es aufschreiben, bevor es wieder gelöscht wird. Jedes Detail. Alles, was ich gesehen, gehört, geschmeckt, ertastet, gerochen, gefühlt habe. Die Welt in mir als Echo und Inspiration. ›Spirare‹ – atmen. Schreiben heißt, die Welt einatmen. Nicht nur die kühle Bergluft am Morgen, auch den Smog, den Rauch, die Abgase. Das Schöne wie das Hässliche.

Seit über zwanzig Jahren unterrichte ich ›creative writing‹, was ich als Bezeichnung nicht ausstehen kann, weil ich denke, dass jedes Schreiben in einem gewissen Maß kreativ ist, selbst das Schreiben von Einkaufslisten. Wie diejenigen, die ich in Einkaufswagen finde und sammle:

- Blumen rot
- Pril groß
- Erbsen tiefkühl
- Q-tip

Fast schon ein Gedicht. Durch Wörter entstehen Bilder: die roten Tulpen, schon weit aufgeblüht, die tiefgrüne Flasche Pril, die kühle Packung Erbsen, an die sich die Tulpen voller Sehnsucht nach ein bisschen Frische schmiegen, die schneeweißen Q-tips.

Alles ist Inspiration, alles ist Erinnerung:

Rote Blumen: Ich bin sechs oder sieben Jahre alt und male eine Tulpe, die feuerroten Blütenblätter, den gelben Stempel, die schwarzen Staubfäden. Ich versinke in der Tulpe. Es gibt nichts Schöneres als diese Tulpe. Über fünfzig Jahre später male ich immer noch Tulpen. Ich kaufe Tulpen. Ich vergöttere Tulpen. Die eine rote Tulpe, die es in meinem kleinen Garten jedes Jahr wieder schafft, zu wachsen und zu blühen, rührt mich. Jedes Jahr warte ich auf sie.

Pril groß: Mit dem Kauf jeder Flasche gibt es eine Prilblume, eine Flower-Power-Blume. Ich möchte aussehen wie Twiggy, ich habe kurze Haare und bin noch fast ein Kind, sehnlichst wünsche ich mir einen rosa Perlmutt-Lippenstift, bei Woolworth gibt es ihn von Mary Quant, auch ihn ziert eine Blume. Alles ist voller Blumen in der Zeit. Mary Quant, das weiß ich, trägt Minirock. Ich habe ein kurzes weißes Strickkleid an, und irgendwann reicht das Taschengeld für den rosa Lippenstift, ich trage ihn auf und darf nichts mehr essen, jedes Wort, das ich spreche, wird kostbar, weil es über perlrosa Lippen kommt. Ich spiele mit der Prilflasche und lasse winzig kleine Seifenblasen umherschweben.

Erbsen tiefkühl: Sie werden auf blaue Flecke gelegt, auf Prellungen, verstauchte Knöchel. Ich knicke oft um, meine Knöchel sind zu dünn, zu schwach. Ich reiße mir mehrmals die Bänder, ich stehe nicht fest auf dem Boden. Ein chinesischer Akupunkteur sagt zu mir: Zu viel Wind im Kopf.

Q-tip: Ich habe als Kind gelernt, dass man sich nicht in den Ohren herumprokeln soll, das sei gefährlich. Geschichten von durchbohrten Trommelfellen. Ein Bekannter macht mit einem Q-tip seine Herdplatten sauber. Das finde ich bedenklich. Zu viel Ordnung ist mir suspekt.

Verstehen Sie das Prinzip? Alles kann zum Schreiben inspirieren. Alles an das eigene Leben erinnern. Möchten Sie lieber gesiezt oder geduzt werden? Ich bin nicht sicher, wie ich selbst gern angeredet werden würde. Und ich habe keinen Rat, nur die Praxis des täglichen Schreibens und wilden Assoziierens. In den verzweigten Stollen der eigenen Erinnerung graben, kratzen, schürfen: Manchmal findet man ein Goldnugget. Manchmal auch nur ein altes, vergammeltes Chicken-Nugget. Ich hab mal in einem Fastfoodschuppen gearbeitet …

Einkaufen

Ich fahre mit dem Fahrrad zum Supermarkt, immer die gleiche Strecke, oft auf dem Fußgängerweg, fast habe ich die alte Frau B. angefahren, die stets bunte, sorgfältig ausgesuchte Kleider trägt, obwohl sie kaum noch laufen und atmen kann. Sie braucht fast eine Stunde zum Supermarkt, aber will sich nicht helfen lassen. Das ist mein Abenteuer, sagt sie jedes Mal, wenn ich ihr anbiete, die Einkäufe für sie zu erledigen. Mein tägliches Abenteuer. Und ich brauche Abenteuer.

Ich kaufe immer das Gleiche. Rechts liegen die Salatherzen, der Sellerie, der Fenchel. Links die Äpfel, Birnen, Beeren. Jeden Tag wieder ärgere ich mich über das viele Plastik, die Plastikschalen für die Beeren, Himbeeren, Heidelbeeren. Blaubeeren hießen sie bei uns.

Als ich klein war, pflückten wir sie mit meiner Mutter im Wald. Meine Schwestern und ich haben Eimer und Körbe dabei. Leise betreten wir ein fremdes, schönes und gleichzeitig unheimliches

Land. Das Sonnenlicht fällt durch die Baumstämme auf das Moos und lässt es grün leuchten. Ich weiß, dass hier die Rehe leben. Sie schlafen auf dem Moos. Ich streichele es, stecke meine Nase hinein, es riecht modrig. Winzige Pilze wachsen zwischen den Tannennadeln. Wir wissen, dass wir sie nicht essen dürfen. Im Kindergarten geht ein Mädchen zu Fasching als Fliegenpilz mit rotem Rock und weißen Punkten. Ein Männlein steht im Walde, singen wir, ganz still und stumm. Es hat von lauter Purpur ein Mäntlein um. Sagt, wer mag das Männlein sein ... Ich summe vor mich hin, noch bin ich frohgemut. Die Blaubeeren hängen an rötlichen Stielen unter grün glänzenden Blättchen, die Beeren sind klein, manche schon verschrumpelt. Hände und Zungen färben sich lila vom Naschen. Wir zeigen uns gegenseitig unsere Zungen. Mein kleiner Eimer füllt sich kaum. Und wenn er gerade ein wenig voller geworden ist, werfe ich ihn aus Versehen um. Ständig wirft eine von uns ihren Eimer um und heult. Meine Mutter ist auf einmal weit entfernt, meine Schwestern überall verstreut. Sie könnten verschwinden, wir könnten uns für immer aus den Augen verlieren, mit einem Mal wäre ich ganz allein. Allein im Wald, allein auf der Welt. An dieses Gefühl werde ich mich immer erinnern und es mein Leben lang fürchten.

Am Wegesrand liegt das Skelett eines Rehs. Nur noch die Knochen. Wie vom Donner gerührt stehe ich davor. Es war mir nicht klar, dass am Ende nur die Knochen übrig bleiben. Es war mir nicht klar, dass auch in mir diese Knochen sind und dass man am Ende so aussieht. Ein Fuchs hat das Reh gerissen, wird mir gesagt. Der Fuchs, von dem wir singen, dass er die Gans gestohlen hat, der hübsche Fuchs aus meinem Bilderbuch mit dem buschigen Schwanz. Ich kann mir den Vorgang nicht erklären, den Übergang von einem lebendigen Reh zu einem Haufen Knochen. Da fehlt etwas. Das Reh, das ich noch vor meinem inneren Auge sehe, muss doch irgendwohin sein. Ich kann es nicht begreifen. Von niemandem bekomme ich eine einleuchtende Erklärung. Selbst von meinem Vater nicht, der doch alles immer weiß. Da ist etwas wie ein großes schwarzes Loch, in das man hineinfallen kann, wenn man nicht aufpasst. Die Eltern reden dann französisch oder auch lateinisch am Esstisch, und ich weiß, sie reden über das schwarze Loch.

Meine Mutter kocht die Blaubeeren zu Marmelade ein, in einem Dampfkochtopf. Er zischt und faucht, den Deckel dreht sie mit einem festen Ruck ganz fest zu, wir dürfen nicht in seine Nähe kommen. Zum Glück sind wir weit weg, als er explodiert und eine lila Fontäne an die Decke schießt.

Lange ist dort ein blauer Fleck zu sehen, wie ein Stückchen Himmel.

In einem Schreibseminar in Mexiko erzähle ich davon, daraufhin berichtet ein Student von dem explodierenden Dampfkochtopf seiner Mutter, und dann erzählt eine andere Studentin und noch eine und noch eine von der »olla de presión«. Ich verstehe »Topf der Depression«, und der ganze Raum explodiert vor Gelächter. Fast jeder ist mit einem Dampfkochtopf aufgewachsen, mit einem Mal befinden sich viele explodierende Dampfkochtöpfe im Raum und Geschichten von Küchen und Müttern und Kindheit. Meine kleine deutsche Erinnerung wird eine allgemeine, internationale.

Der Dampfkochtopf des Schreibens. La olla de presión.

Der Schlüssel zum Schreiben ist, nicht nachzudenken, um die Inspiration nicht zu unterbrechen. Probier es aus: Schreib los. Jetzt!

Dafür drei Regeln:

1. *Schreib zehn Minuten ohne Pause. Am besten mit der Hand.*
   Lass dich treiben.
2. *Denk nicht nach. (Wenn man zu viel nachdenkt, hört man prompt auf zu schreiben.)*

3. Kontrollier nicht, was du schreibst. Mach Schreibfehler, Grammatikfehler, schreib Blödsinn.

Warum mit der Hand schreiben? Weil die Hand wir selbst sind. Ein Computer nicht. Eine Tastatur übersetzt unsere Gedanken, die Hand sind wir selbst, die direkte Verbindung von unserem Kopf in die Hand ist die Handschrift. Sie verändert sich, wenn man über etwas schreibt, was einen wirklich packt. Wird größer, freier. Zehn Minuten am Stück sind vielleicht am Anfang lang, aber machbar. Später kann man die Schreibzeit immer mehr verlängern und so lange weiterschreiben, bis man irgendwann ermattet vom Stuhl fällt.

Wenn wir darüber nachdenken, was wir so denken, schämen wir uns schnell. Und wenn wir uns schämen, können wir schlecht schreiben. Wofür schämen wir uns? Wir schämen uns, dass wir uns anmaßen, über uns selbst zu schreiben, wir schämen uns für unser kleines Leben, für unsere Unzulänglichkeiten, unsere Lügen, unsere enttäuschten Erwartungen an das Leben und an uns selbst. Dieser Scham entkommt man nur, indem man nicht nachdenkt, sondern weiterschreibt – und Blödsinn schreibt.

Das fällt schwer, sich selbst die Erlaubnis zu geben, Blödsinn zu schreiben, Fehler zu machen,

Wörter falsch zu schreiben, nicht zu wissen, wohin die Reise geht. Keinen Plan zu haben, sich treiben zu lassen. Aber mit einem Mal tauchen interessante Details auf, Erinnerungen, die verschüttet schienen, phantastische Bilder, seltsame und großartige Geschichten.

Blödsinn

Ich sitze im Bett und schreibe. Am liebsten schreibe ich gleich nach dem Aufwachen, die Zähne geputzt, einen Becher Kaffee neben mir. Der noch leicht somnambule Zustand hilft, Blödsinn zu schreiben, überhaupt zu schreiben. Wenn ich aufstehe, mich wasche und anziehe, ist es vorbei. Nur die Zähne müssen geputzt sein, mein einziges Zugeständnis an die Welt da draußen. Sie will, dass ich mir die Haare kämme, meine Bluse bügele, frische Socken trage, keinen Blödsinn rede, lächele und höflich bin, rücksichtsvoll, umgänglich, sozial verträglich. Wenn ich mein ordentliches Gesicht trage, kann ich nicht mehr schreiben. Vielleicht noch Einkaufslisten, aber nicht viel mehr.

Ich sehe aus dem Fenster, der Herbststurm scheucht die Wolken vor sich her, der Kastanienbaum wirft bebend die letzten Kastanien ab. Jeden Herbst sammele ich Kastanien, kann ihrer Schönheit nicht widerstehen, stecke sie mir in die Tasche. Ich bin enttäuscht, wenn sie runzlig werden. Ich möchte, dass sie jung und glatt und hübsch bleiben, ihr dunkles Braun wie tiefgebräunte Sommerhaut. Jetzt sind alle Leute noch braungebrannt. Sie kommen aus den Ferien zurück in die Stadt und sehen so gut aus. Sie schlendern noch und lächeln. Bald sind alle wieder blass und schlechtgelaunt, auch ich. Ich mag mein Wintergesicht nicht. Sommerfüße. Meine Füße bleiben noch lange braun.

Als Kinder haben wir Kastanien in Eimern gesammelt und zur Wildfutterstelle geschleppt. Pro Eimer bekamen wir ein paar Pfennige. Der Weg war weit und die Eimer schwer. Wir fuhren mit der Straßenbahn vorbei an einem Tennisclub. Dorthin ging Gabi aus meiner Klasse. Sie war immer braungebrannt, auch im Winter, und sie wusste Dinge, die ich noch nicht wusste, das wusste ich, aber ich wusste nicht, was sie wusste. Dafür bewunderte und hasste ich sie gleichzeitig, fühlte mich dumm und kindlich neben ihr. Unablässig strich sie sich die langen Haare glatt, inspizierte die Spitzen, ohne ein einziges Wort zu sagen. Sie war eine schlechte Schülerin, zwei Mal sitzengeblieben, aber sie war uns allen überlegen, denn sie wusste so viel mehr über das Leben. Ich stellte sie mir vor in ihrem Tennisclub im weißen Röckchen, mehr konnte ich mir nicht vorstellen, denn ich hatte keine Ahnung, was in einem Tennisclub geschieht, und würde auch nie einen betreten.

Ich mag besonders die Kastanien, die auf einer Seite ganz flach sind. Oder die Babykastanien. Im Kindergarten versuche ich, Streichhölzer in Kastanien zu stecken, um Igel und Kastanienmännchen zu basteln. Dafür gibt es einen kleinen Drehbohrer, aber entweder sind die Löcher zu klein und die Streichhölzer brechen ab, oder sie sind zu groß und die Streichhölzer wackeln und halten nicht. Meine Igel und Männchen werden nichts, ich bin zu dumm, zu blöd, ich kann nichts. Aber ich rede viel und bekomme ein Pflaster über den Mund geklebt. Alle starren mich an und verstummen. Ich fühle nur noch dieses riesige Pflaster auf meinem Mund. Es wächst und wächst, ich bin nur noch Pflaster ohne Körper. Mein Freund im Kindergarten ist Deutschchinese, er macht perfekte Igel, einen nach dem anderen. Er spricht fast nie und bekommt nie ein Pflaster auf den Mund. Seine Eltern haben ein chinesisches Restaurant. Meine Eltern gehen nach dem Theaterbesuch dorthin. *Die Eltern sind beim Chinesen,* das klingt geheimnisvoll und großartig, als wären sie schnell mal bis nach China gefahren. Sie essen Haifischflossensuppe, die es später auch in Konservenbüchsen gibt. Nachts macht sich mein Vater ab und an eine Büchse Haifischflossensuppe auf. Fahre ich später wegen dieser Suppe auf einem Haifischfangboot bis zu den Galapagos-Inseln?

Das Boot ist winzig und das Meer wild. Ich kenne ein solches Meer nicht und habe in jeder Minute Angst. Die gefangenen Haie werden lebend an der Schwanzflosse aufgehängt, damit sie so ersticken. Der Kapitän und sein Helfer braten jeden Tag Fisch und Bananen, etwas anderes gibt es nicht. Die meiste Zeit ist mir übel, ich liege in einer sehr schmalen Koje und weine still vor mich hin. Alles ist fremd, selbst der Mond liegt auf dem Rücken am Himmel. Eines Tages scheucht mich der Kapitän aus der Koje und ruft aufgeregt, ich solle mich sofort anseilen. Ich sehe Panik in seinem Blick. Er schlingt mir an Deck ein dickes Seil um den Bauch. Im nächsten Moment steigt aus dem Wasser gleich neben dem Boot ein schwarzer Berg empor. Ungläubig lege ich den Kopf in den Nacken und sehe dem Berg zu, wie er wächst und wächst, bis ich endlich verstehe: Es ist ein Wal! Ein Pottwal, der Wal meiner Kindheit, den ich tot und ausgestopft auf einem LKW auf dem Marktplatz von Hannover bestaunt habe. Über den ich Monate nicht hinwegkam, der mich nachts wach hielt. Aber das ist eine andere Geschichte.

Blödsinn oder nicht? Marcel Proust hat nicht anders gearbeitet, er nannte es »mémoire involontaire«, unwillkürliche Erinnerung. Alles erinnert. Wohin führt es einen? Wie tief kann man tauchen? Schrei-

ben ist Unterwassertätigkeit. Ich wusste nicht, als ich anfing zu schreiben, dass ich beim Wal enden würde. Ich wusste kaum mehr, dass ich auf einem Haifischfangboot zu den Galapagosinseln gefahren bin. Dass ich wirklich einmal in meinem Leben einem Wal so nah gewesen bin. Gerade war er wieder da, als wäre er hier, direkt neben dem Bett, in dem ich sitze und schreibe, aufgetaucht.

Also Proust nacheifern? Nur zu. Warum nicht? Es geht hier nicht darum, Verwertbares zu schreiben, ein Produkt herzustellen, das sich verkauft, oder Literaturpreise zu gewinnen, sondern darum, aufmerksam und vorurteilsfrei dem eigenen Gehirn zuzuschauen und zuzuhören. Was dort wild aufflackert, aufzuschreiben. In all seiner Banalität und Komplexität, denn das gehört zusammen. Was ist in dem riesigen Labyrinth meines Gehirns gespeichert? Welche Assoziationen schlummern dort? Wie verschlungen sind die Wege von einer zur anderen Erinnerung? Wie kann ich ihnen schreibend folgen?

Um das zu tun, muss ich all die Gedanken, die mich davon abbringen wollen, verbannen. Das sind viele, sie sind ziemlich langweilig und immer dieselben. Ein paar Beispiele:

1. *Ich bin zu blöd.*
2. *Ich bin zu uninspiriert.*

3. *Ich bin nicht originell genug.*
4. *Mein Leben ist nicht interessant genug.*
5. *Wen soll das schon interessieren?*
6. *Ich kann einfach nicht schreiben und konnte es noch nie.*
7. *Ich habe Angst, dass andere blöd finden, was ich schreibe.*
8. *Ich habe Angst, peinlich zu wirken.*
9. *Ich habe Angst, anderen auf die Zehen zu treten, sie zu verletzen oder zu beleidigen.*
10. *Mir fällt sowieso nichts ein.*
11. *Und was wird meine Mutter sagen, wenn sie das liest?*

Und so weiter und so weiter. Die Liste ist endlos. Aber ich will gar nicht besonders toll, inspiriert oder originell sein, sondern die eigene Schatzkiste öffnen, Erinnerungen herausholen, sie ans Tageslicht bringen, abstauben und betrachten. Dafür ist es hilfreich, ohne Pause weiterzuschreiben und nicht am Stift zu kauen, sonst drängen sich andere Gedanken in den Vordergrund – und schon bin ich auf dem Weg zum Kühlschrank, zum Telefon, ins Internet. Statt etwas hervorzubringen, stopfe ich etwas in mich hinein. Konsum füllt mich ab, aber erfüllt mich nicht. Konsum und Kreativität sind natürliche Antagonisten. Gibt es kreativen Konsum? Ich bezweifle es (aber falls doch, her damit! Ich liebe shoppen, um bei der Wahrheit zu bleiben). Um den Impuls zu konsumieren zu zügeln, hilft der Trick, den Stift in Bewegung zu halten, ihn übers Papier wandern zu lassen, dem Geräusch zu lauschen, das er macht, der eigenen Hand zuzusehen, wie sie schreibt – das allein ist schon eine sinnliche Erfahrung und ein ziemliches Wunder.

Schreiben und lesen

Ich konnte nicht schreiben. Alle anderen konnten es, nur ich nicht. Besonders gut konnte es die andere Doris, die neben mir saß. Sie hatte schneeweiße Haut, weiße Finger und unfassbar saubere Fingernägel. Alles an ihr war so sauber, dass ich mich immer dreckig fühlte neben ihr. Sie schrieb in wunderbarer Schönschrift in vorbildlich aufrechter Haltung in ein blütenweißes Heft. Ich dagegen war so tief über mein Heft gebeugt, dass meine Nasenspitze fast das Papier berührte und meine Patschpfoten es im Nu grau werden ließen. Ich konnte den Stift nicht locker halten, hielt ihn wie einen Dolch, stach und kratzte über das Papier, verschrieb mich bei jedem Buchstaben. Schrieb mit links, aber sollte es mit rechts versuchen. Es war nur ein Vorschlag, aber einer, den man anscheinend nicht ablehnen konnte. Links war nicht das schöne Händchen. Gib das schöne Händchen, sagten manche Mütter. Meine Mutter niemals. Meine saß geduldig neben mir und führte mir die Hand, die vor Anstrengung zitterte. Wenn ich mich verschrieb, kratzte sie mit einem Messer den Fehler sorgsam vom Papier und bügelte es dann. Trotzdem konnte man gegen das Licht die rauhe Stelle entdecken, die Tinte verlief dort faserig, jeder konnte sehen, dass ich mich verschrieben hatte. Besonders die saubere Doris. Sie sagte nie etwas, lächelte nur sanft. Ich heulte wütende Tränen, die die Tinte noch mehr verlaufen ließen. Ich wollte nie, nie schreiben lernen. Ein Heft mit Schreibfehlern hatte etwas Unerträgliches. Versaut für immer. Nicht wiedergutzumachen. Manche Buchstaben nahmen kein Ende, so oft sollte man nach oben und nach unten malen, über die Linie, auf der Linie, unter die Linie, aber nicht zu weit nach unten, nicht zu weit nach oben. Jeder Buchstabe eine zickige Person mit besonderen Ansprüchen. Vor Anstrengung keuchte ich und biss mir fast die Zunge ab. Es wollte mir einfach nicht gelingen, dieses Schreiben. Erst als ich begriff, dass Schreiben und Lesen zusammengehören, fiel der Groschen. Von einem Tag auf den anderen standen wie von Zauberhand überall an den Hauswänden Wörter, die ich verstand. Ich konnte plötzlich lesen! Und die Welt bekam einen ganz anderen Sinn. Oder den Sinn, den sie immer gehabt hatte und der mir zuvor verborgen geblieben war. Rückblickend kam ich mir sehr dumm und unwissend vor. Zum ersten Mal las ich eine Schlagzeile in der Zeitung, die jeden Morgen vor der Haustür lag, und rannte damit zu den Eltern ins Schlafzimmer, was die Eltern eigentlich nicht mochten, aber sie mussten wissen, was dort stand, denn ich begriff, dass die Welt erschrocken innehielt. Stockend las ich ihnen vor: Präsident Kennedy erschossen.

Als ich lesen konnte, fiel mir auch das Schreiben mit einem Mal leicht. Ich durfte in der Klasse vorlesen und die saubere Doris nicht. Ich las dicke Märchenbücher, verirrte mich im Wald, pflückte mit bloßen Händen Brennnesseln, zählte Erbsen, sprach mit meinen Brüdern, die in Schwäne verwandelt waren, fror bitterlich in einem Hemdchen im kalten Schnee und schluchzte über mein schlimmes Schicksal. Dieses Schluchzen fühlte sich wunderbar an. Es war eine Art Stellvertreterschluchzen, das mich zwar durchschüttelte, aber nicht meiner eigenen Verzweiflung entsprang. Die Protagonisten der Märchen nahmen mir die wirkliche Verzweiflung ab, das war herrlich. Das Lesen wurde meine Droge. Ich las jeden Tag. Bis heute lese ich jeden Tag. Und fast jeden zweiten Tag rannte ich in die Bücherei.

Im Wohnzimmer saßen die Eltern jeden Abend und lasen. Wenn ich nicht schlafen konnte und im Nachthemd zu ihnen ging, waren sie ganz still und in ihre Bücher vertieft. Nur widerstrebend tauchten sie daraus auf, um kurz aufzublicken und zu fragen: Na, kannst du nicht schlafen? Sie aßen Schokolade, während sie lasen, was das Lesen noch wunderbarer machte. Ihr riesiges Bücherregal erstaunte meine Mitschüler. So viele Bücher! Und jedes Buch, das dort stand, durfte ich lesen, denn meine Eltern vertrauten darauf, dass ich das, was nicht altersgerecht war, sowieso nicht verstehen würde.

In der dritten Klasse wurde ich für den Vorlesewettbewerb ausgewählt. Ich entschied mich für ein Bilderbuch mit dem Titel *Ladislaus und Annabella* und übte wie verrückt. Eine traurige Geschichte: Der Teddybär Ladislaus und die Puppe Annabella müssen am Weihnachtsabend ganz allein im Warenhaus zurückbleiben, weil sie der Weihnachtsmann anscheinend vergessen hat.

Ich gehe die kleine Holztreppe hinauf auf die Bühne. Klettere auf den Stuhl, der mir besonders hoch vorkommt. Meine Hände sind schweißnass. Vorsichtig lege ich sie rechts und links neben das Buch. Mein Herz klopft lauter als meine Stimme. Das Publikum verschwimmt zu einem dunklen Meer. Ich fange an zu lesen. Meine Stimme ist zu leise, ich drehe sie lauter wie an dem braunen Knopf unseres Radios. Wenn ich die richtigen Pausen mache, mit richtiger Betonung manche Sätze leiser, andere lauter lese, den Rhythmus des Mitfühlens finde, spüre ich die Reaktionen des Publikums körperlich. Bald weiß ich nicht mehr, wer da liest, gebannt höre ich zu, wie am Ende der Weihnachtsmann doch noch kommt, Ladislaus und Annabella einsammelt und an ein sehnsüchtig wartendes Kind verschenkt. Zum Weinen schön. Ich bekomme den ersten Preis, und selig weiß ich: Ich bin eine Rampensau.

Erinnere dich an ein Kinderbuch. An die Bilder und daran, was sie ausgelöst haben. Wo hast du das Buch gelesen? Mit wem? Wo hast du gesessen? Wie sah der Stuhl aus, der Fußboden, das Bett? Schreib zehn Minuten über ein Möbelstück, an das du dich erinnerst. Der Trick ist wirklich, nicht nachzudenken, sondern einfach weiterzuschreiben.

Der Boden unter meinen Füßen

Tief in der Nacht wache ich auf. Mein Nachthemd ist weich und kuschelig, weiß-blau gemustert. Ich tapse über den Flur, meine Schuhe klackern über das Parkett. Ich trage Korrekturschuhe in der Nacht, kleine Holzsohlen mit Holzstegen zwischen den Zehen, um meine Zehenstellung zu korrigieren. Ich schäme mich für diese Schuhe, ich hasse sie, ich heule und will sie nicht tragen. Alles, wirklich alles versuchen meine Eltern, um uns schöner zu machen. Ich bekomme weiße Handschuhe angezogen mit einem langen Plastiknippel an jedem Finger, an dem ich in Zukunft kauen soll, statt am Daumen zu lutschen und meine Zähne für immer zu ruinieren. Meinen Schwestern werden die abstehenden Ohren mit Pflaster am Kopf festgeklebt, damit sie später nicht wegen ihrer Segelohren gehänselt werden. Mein Vater kann zu unserem Vergnügen mit seinen Ohren wackeln, sie stehen so weit ab, dass die Sonne hindurchscheint und sie orange färbt. Ich gehe über das Parkett, die Schuhe sind rutschig, ich habe Angst hinzufallen. Dort drüben schlafen meine Eltern. Ich mag es nicht, wenn sie schlafen, es ist unheimlich. Sie sind nicht mehr da, wenn sie schlafen, aber wo sind sie dann? Ich schiebe meiner Mutter die Augenlider nach oben. Wo bist du gerade? Ich höre meinen Vater schnarchen, er muss schnarchen, um die Familie vor wilden Tieren zu beschützen, sagt er gern. Sein Kinn kratzt, wenn er uns küsst. Sein Bart ist schwarz, er rasiert sich mehrmals am Tag. Er gibt uns Schmetterlingsküsse abends vor dem Einschlafen. Mit seinen Wimpern berührt er unsere Wangen. Ich kann gar nicht genug von diesen Küssen bekommen. Der Boden unseres Kinderzimmers ist grün wie Gras. Ich sitze darauf wie auf einer Wiese. Ich stehe nachts im Flur, und keiner schaut mir zu. Es ist ein seltsames Gefühl, wenn keiner schaut, denn sonst schaut immer jemand, weil wir eine große Familie sind. Es ist mir nicht ganz klar, wer ich bin, wenn keiner schaut. Es macht mich unruhig. Ich begegne diesem Gefühl viele Jahre später in Japan wieder, verpackt in einen Zen-Koan: Wer bist du, wenn dir keiner zuschaut? Und auch die Schuhe finde ich dort wieder, japanische Holz-Getas, sie machen ein ganz ähnliches Geräusch.

Ich schäme mich mit meinen komischen Korrekturschuhen. Niemand sonst auf der ganzen

Welt trägt solche Schuhe, da bin ich mir sicher. Ich bin jemand anders als bei Tag. Es ist unheimlich und aufregend, ganz allein im Flur in der Nacht, ich könnte einfach davongehen, über den Flur zur Wohnungstür und hinaus. Rechts liegt die Küche, dort wird eine Schwester im wilden Spiel auf einen Heizungshahn stürzen und so bluten, dass sich der Linoleumboden rot färbt.

Wir sind älter, ich schlafe oben im Stockbett, meine Geschwister neben und unter mir. Sie stemmen ihre Füße gegen die Matratze und heben mich ein paar Zentimeter hoch, ich lasse meine Hand nach unten baumeln, und manchmal ergreifen sie sie. Die Schwestern lutschen am Daumen und an der Bettdecke, mit der Zeit wurden alle Verschönerungsversuche eingestellt. Ich habe für immer krumme Zehen. Der Flur ist nicht lang, die Wohnung nicht groß. Tagsüber werden die Betten meiner Eltern zusammengeklappt und silbriggrüne Vorhänge vorgezogen. Hinter den Vorhängen verstecken wir uns, die Bettfedern im Rücken wie große Tiere. Abends, wenn die Betten aufgeklappt werden, keuchen und quietschen die Bettfedern, man sieht ihnen nicht an, wer sie tagsüber waren. Mein Vater ist ein anderer im Pyjama, alles ist anders nachts. Im Bücherregal wohnt ein orangefarbener Dinosaurier, er lebt in dem Buch *Mein erstes Wissen*, links auf der Seite, er reißt sein riesiges Maul auf. Ich fürchte mich vor ihm und verstecke das Buch, aber ich kann nicht vergessen, wo ich es versteckt habe, also weiß ich auch, wo der Dinosaurier ist. Es gibt keinen Ausweg aus diesem Dilemma, außer zu schlafen, ganz schnell zu schlafen, aber manchmal zucken meine Beine vor Aufregung und wollen weiterlaufen, weiterrennen, weiterspringen, sie wollen sich nicht zur Ruhe legen. Ich klettere aus dem Bett und stehe allein im dunklen Flur wie das Sterntaler-Mädchen im düsteren Wald, dieses Alleinsein ist erschreckend, aber auch ein bisschen wunderbar, ich könnte, ich könnte etwas erleben, von dem ich bisher gar keine Ahnung hatte, und da kommt plötzlich mein Vater, er nimmt meine Hand und führt mich zurück ins Bett, zurück ins Zimmer zu meinen Schwestern wie in einen leicht stinkenden, gemütlichen Fuchsbau, und alles ist gut – und ein ganz klein bisschen langweilig.

Geh durch die Wohnung deiner Kindheit. Schau auf deine Kinderfüße, als würdest du durch eine Kamera blicken. Folge deinen Füßen. Tapptapptapp. Sind sie nackt? Haben sie Schuhe an? Sandalen? Hausschuhe? Gummistiefel? Beschreib den Boden unter deinen Füßen. Geh in die verschiedenen Zimmer, in unterschiedlichen Zeiten, geh weiter, lass dich nicht unterbrechen, geh einfach weiter und schreib es auf. Kümmer dich nicht um Logik und auch nicht um die Wahrheit. Wer weiß schon, ob die Erinnerungen wirklich stimmen? Wir erinnern uns nur an das, woran wir uns schon einmal erinnert haben. Und jedes Mal, wenn wir uns erinnern, verändern wir die Erinnerung, überschreiben sie. Die sinnlichen Eindrücke stimmen, aber die Zusammenhänge? Mit wie viel Jahren habe ich im Hochbett geschlafen? Wie alt war ich, als ich die orthopädischen Schuhe bekam? Ich weiß es nicht mehr, aber das spielt hier keine Rolle: Ich habe durch das Schreiben die Holzschuhe wiederentdeckt, das frühe Gefühl der Scham – und die unbändige Sehnsucht nach Abenteuer.

Mittagessen

Hungrig wie junge Wölfe kommen wir aus der Schule. Das Essen steht schon auf dem Tisch, aber wir können nicht essen, denn der Vater ist noch nicht da. Hinter dem Rücken der Mutter schleichen wir um den Esstisch, stibitzen mit den Fingern ein wenig Gurkensalat, ein paar knusprige Nudeln vom Nudelauflauf. Endlos zieht sich das Warten in die Länge. Jetzt ist es schon fast halb zwei, und er ist immer noch nicht da. Der Auflauf wird zurück in den Ofen geschoben. Der Gurkensalat ist bereits deutlich geschrumpft. Wir stöhnen und jammern, endlich kommt der Vater, und wir dürfen uns setzen. Immer in derselben Sitzordnung. Wir essen blitzschnell, in Sorge, weniger als die Geschwister zu bekommen. Wir kippeln auf den Stühlen, fast waagerecht kann ich den Stuhl in der Luft halten. Nicht kankeln, heißt das. Nicht kankeln, nicht streiten, Ellenbogen vom Tisch. Manchmal nimmt mein Vater wortlos meinen Ellenbogen und haut ihn auf den Tisch. Er schweigt, er ist der große Schweiger.

Ich weiß nicht, was er denkt. Was denkt er über mich? Nichts Gutes, vermute ich und fühle mich kritisiert, erst sehr viel später verstehe ich, dass er hundemüde ist. Er steht nachts auf, um Kinder zur Welt zu bringen. Manchmal höre ich ihn, wenn er nachts aus der Wohnung geht. Das hat etwas Beruhigendes. Er holt ein neues Baby auf die Welt. Der Rhythmus des Essens ist unverrückbar. Die Familie frühstückt zusammen, isst mittags und abends zusammen. Immer. Meine Mutter beschützt den Rhythmus. Er gibt allen Halt. Beim Essen darf keiner fehlen. Für die Kinder gibt es zum Frühstück Karokaffee und Brötchen mit Marmelade. Ich esse das Brötchen trocken. Stecke mir eines in den Ranzen und picke den ganzen Unterricht über die Krümel auf. Meine Bücher und Hefte riechen nach frischem Brötchen.

Meine Mutter kocht jeden Tag. Heißgeliebte Gerichte wie grüner Kopfsalat mit Zucker, überbackener Fischauflauf mit Kartoffelbrei, Reisauflauf mit sauren Kirschen, Apfelreis mit kleinen Bratwürstchen, die Saucisschen heißen, süße Erbsensuppe mit Grießklößchen und rohem Schinken, Nudelauflauf mit Schinken. Die Auflaufform wird ausgekratzt und -geschleckt, bis keine einzige Nudel mehr vorhanden ist. Wir sollen nicht an den Kühlschrank gehen, aber jedes Kind öffnet ihn heimlich. Wenn die Eltern im Wohnzimmer sind, schleichen wir uns nacheinander in die Küche, öffnen ganz leise den Kühlschrank. Plopp. Schnell ein Stück Wurst in den Mund geschoben, ein paar Scheiben Aufschnitt. Corned Beef und Mortadella mit Pistazien, auf Wunsch meiner Mutter besonders dünn geschnitten. Wir stehen in der Metzgerei und hauchen auf die Glasscheibe, malen Muster hinein, bekommen Wurstscheiben geschenkt, wir lieben Wurst. Der Aufschnitt verschwindet aus dem Kühlschrank, und niemand ist es gewesen. Jedes Kind schwört unter Tränen: Ich nicht, ncin, ich war es nicht. Aber eine von euch muss es doch gewesen sein! Ihr sollt nur die Wahrheit sagen. Hilflos stehen meine Eltern vor uns und versuchen uns zur Wahrheit zu erziehen. Aber die Wahrheit hat keine Chance. Ihr werdet nicht bestraft, ihr sollt es einfach nur sagen. Nein, alle schütteln den Kopf, keine war's. Es muss doch möglich sein, die Wahrheit zu erfahren! Nein. Wenn ihr nicht die Wahrheit sagt, werdet ihr ins dunkle Badezimmer gesperrt. Ich lache, ich bin die Größte, mir macht das gar nichts aus. In der Dunkelheit werden wir zu einem Körper, so genau weiß ich nicht mehr, wo ich anfange und aufhöre. Wir hören uns gegenseitig atmen und schnüffeln. Es wird dunkler, die Dunkelheit scheint ohne Boden. Ich spüre die Verzweiflung der Eltern vor der Tür.

Wenn ihr die Wahrheit sagt, dürft ihr sofort wieder raus, rufen sie leise. Wir wollen euch doch nur beibringen, die Wahrheit zu sagen. Pah, denke ich, so nicht. Nicht mit mir. Die Kleinste fängt prompt an, zu weinen und zu gestehen, bald knicken auch die anderen ein, die Wahrheit kommt ans Licht, die Tür geht auf, die Schwestern werden umarmt und geherzt, so schlimm war es doch gar nicht mit der Wahrheit. Nur ich sage keinen Pieps, ich nicht, dabei habe ich die meiste Wurst von allen gegessen.

Schreib über das Essen in deiner Kindheit. Was hast du gern gegessen? Was nicht? Was war dein Lieblingsessen? Wer saß mit am Tisch? Wie sah die Küche aus? Wer hat gekocht?

Schreib über deine Mutter und die Zeit, die du mit ihr verbracht hast. Wo warst du mit ihr? In der Küche? Im Wohnzimmer? Im Wald? Im Garten?

Lügen

Harmlos lügen heißt »tünen«, was alle in der Familie gern tun, um eine bessere Geschichte zu erzählen. Übertreiben ist erlaubt, ist fast ein Sport. Wer kann am schönsten und hemmungslosesten übertreiben, tünen? Lügen darf man nicht, aber tünen schon. Die Grenzen sind durchlässig und nicht leicht zu erkennen. Mein Vater tünt als Kind so sehr, dass sich die Eltern Sorgen machen und einen Psychotherapeuten einbestellen, der das Kind beobachten soll. Er attestiert meinem Vater eine wilde Phantasie, die sich aber auswachsen wird. Hat sie zum Glück nie. Er liebt Geschichten, die Literatur, liest mir vor. Spielt die Märchen mit mir nach und treibt mich in den Wahnsinn, wenn er absichtlich die Märchenfiguren verwechselt. Frau Holle beißt in einen vergifteten Apfel, der Pechmarie passt der gläserne Schuh, Dornröschen zieht aus, um das Fürchten zu lernen. Von einem Tag auf den anderen beschließe ich, meine Mutter zu siezen und mir einen anderen Namen zu geben. Ich bin von nun an Marielouise 5.

Die Zahl nenne ich wie meinen Nachnamen. Fünf deshalb, weil ich so gern fünf wäre und nicht vier. Fünf sein ist das Ziel in weiter, weiter Ferne. Wenn ich mich so nenne, bin ich es fast schon. Ich fühle mich viel erwachsener durch meinen Namenswandel und sehe anders aus, weil ich mit einer roten Strumpfhose auf dem Kopf herumlaufe, die meine langen Zöpfe darstellen soll. Ich werfe sie in einer leicht herablassenden, schwungvollen Bewegung hinter mich, ganz so wie die langhaarigen Mädchen aus dem Kindergarten. Ich bin Marielouise 5 mit langem, glattem, seidigem Haar. Und ich spreche mit meiner Mutter über die vierjährige Doris, dieses Kleinkind mit den kurzen Haaren, die ungeheure Dinge tut, von denen die Eltern keine Ahnung haben. Ich führe meine Mutter an das Bett von Doris, decke ihr Kopfkissen auf und zeige ihr empört die Kuli-Zeichnungen, die Doris auf das Bettlaken unter dem Kissen gekritzelt hat. Frau Dörrie, sage ich, jetzt sehen Sie sich das an! Ich bin eine Schauspielerin, die eine Rolle spielt, und gleichzeitig bin ich tatsächlich Marielouise 5 und blicke wie durch ein umgedrehtes Fernrohr auf diese andere Familie und dieses fremde Kind Doris, das lügt und glatt abstreiten würde, auf das Bettlaken gekritzelt zu haben. Als Marielouise stehe ich mit Frau Dörrie vor der Schandtat und schüttele den Kopf. Klug beschließt meine Mutter, die Fiktion nicht zu durchbrechen. Nie vergesse ich das Gefühl, ich selbst und gleichzeitig eine andere, bessere Version von mir selbst zu sein. Marielouise 5, unerreicht.

Schreib über Lügen. Hast du als Kind wenig oder viel gelogen? Gar nicht gelogen? Wirklich?

Jemand anders sein

Nie werde ich lange Haare haben. Meine Haare sind wie Schnittlauch, sie wachsen nicht, und außerdem ist ein Kurzhaarschnitt so viel praktischer, wird behauptet, und so viel schicker. Ich möchte nicht schick sein, ich möchte mich hinter langen Haaren verstecken können wie die saubere Doris in der Schule neben mir. Sie zieht ihre dichten weizenblonden Haare wie einen Vorhang einfach zu. Mit langen Haaren wäre ich eine andere. Unbedingt möchte ich eine andere sein, nur weiß ich nicht genau, wer. Meine Freundin N schrieb einen Song: *»Somebody else, I wish I could be somebody else«*, sie versteht diese Sehnsucht. Meine Mutter auch. Manchmal rennen meine Mutter und ich um Viertel nach sechs noch schnell in die Stadt, obwohl alle Geschäfte um halb sieben zumachen, und stromern im Laufschritt durch die Gänge des einzigen etwas flotteren Mode-Kaufhauses. Es ist nicht schwer, meine Mutter zum Spontankauf von ausgefallenen Klamotten zu überreden, sie versteht den

Zauber, der von ihnen ausgeht, das Versprechen. Als ich fünfzehn bin, schenkt sie mir einen bodenlangen, unpraktischen, aber wundervollen schwarzen Samtmantel, den ich jahrelang nicht mehr ausziehe. Er verleiht mir etwas Geheimnisvolles, wie ich meine, wahrscheinlich sehe ich eher aus wie ein Mitglied der Addams Family. Eine weiße Jacke mit Flokatiflusen, die an Hühnerfedern erinnern, einen roten Knautschlackledermantel, in dem ich mir vorkomme wie Emma Peel, die ich in Ermangelung eines Fernsehers nur aus den Fernsehprogrammzeitschriften im Altpapierstapel kenne.

Ich erinnere mich an einen roten Samtrock mit Trägern, da war ich vielleicht sechs oder sieben. Er ist rubinrot wie Rotkäppchens Umhang und macht aus mir Rotkäppchens Schwester, ich kann meine Augen kaum von dem Rock über meinen Beinen abwenden, so schön ist er. Ich laufe über einen Sandweg in meinem roten Rock unter den grünen Bäumen wie in einer Kinderzeichnung, links über mir vor Blau die gelbe Sonne, ich laufe heiter und leicht wie ein kleiner Wind mit aufgeblasenen Backen, da höre ich ein Geräusch hinter mir, und als ich mich umwende, sehe ich einen schwarzen, großen Hund in schnellen Sprüngen auf mich zuhechten, sehe sein Maul, seine spitzen Zähne, seine rosa Zunge. Ich laufe schneller, mein Rock wippt auf und ab, meine Beine fliegen, ich höre den Hund hinter mir schnaufen, er kommt näher, ich laufe so schnell ich kann, so schnell, wie ich noch nie gelaufen bin, der Hund schnappt nach mir, nach meinem Rock, immer wieder, bis er ihn zu fassen bekommt. Ich stolpere, falle hin, knurrend steht der Hund über mir, ich weiß genau, er wird mich fressen. Ganz still liege ich unter ihm, sein Sabber tropft auf mich herab, ich überlege, wie es sein wird, wenn ich tot bin. Ein Erwachsener kommt und verscheucht den Hund, trocknet meine Tränen, aber ich weine gar nicht, weil ich Todesangst hatte, sondern weil mein roter Samtrock zerrissen ist. Ich bin untröstlich. Meine Mutter versteht und flickt ihn auf zarteste Weise, aber der Riss ist für immer zu sehen. Der Rock hat seinen Zauber verloren. Ich ziehe ihn nicht mehr an.

Schreib über ein Kleidungsstück, das du als Kind hattest. Das du geliebt oder gehasst hast, das wie eine Rüstung für dich war oder dich der Lächerlichkeit preisgegeben hat. Das du anziehen musstest oder unbedingt anziehen wolltest. Mach eine Liste von Kleidungsstücken, an die du dich erinnerst. Bleib in der Kindheit. Dort sind die Erinnerungen oft besonders präzise. Wie hat sich der ungeliebte Pullover genau angefühlt? Die schreckliche Strumpfhose? Die heißgeliebten Schuhe?

Verliebt

Ich ritze die Buchstaben seines Namens in meinen Schultisch, jede Schulstunde handwerkliche Schwerstarbeit. Ich bin verknallt und will seinen Vor- und Nachnamen in den Tisch schnitzen, riesengroß, von einem Ende zum anderen. Gerade noch waren es die Namen der Pferde. Gemini steht noch da, das Pony, das einem dünnen Mädchen gehört, das nicht gut reiten kann und immer Angst hat. Manchmal darf ich Gemini reiten, und ich bilde mir ein, dass er viel lieber mir gehören will. Meine Geheimnisse flüstere ich ihm in die Ohren, aufmerksam dreht er sie nach hinten, er hört jedes Wort, er hört mir zu. Immer hört er mir zu. Die Liebe zu Pferden ist noch größer als zu Jungens, weil sie so verlässlich erwidert wird. Ich hocke im Stall, esse Pferdefutter, Karotten aus einer großen Kiste, im Winter sind sie angefroren und faulig. Ich kann mich nicht trennen von Gemini. Er ist Gemini 6 und ich bin Gemini 7. Wir treiben im Weltraum aufeinander zu und docken aneinander an, werden uns nie mehr verlieren. Alle reden über die Mondlandung. Wir haben keinen Fernseher, aber ich gebe vor, auch ich hätte sie live gesehen. Ohne Fernseher ist man nicht von dieser Welt. Wir spielen Mondlandung, springen von den Strohballen und imitieren Schwerelosigkeit. Die Pferdepfleger, alte, rauhe Kerle, manche von ihnen waren im Krieg, machen mit den halbwüchsigen Jungens versaute Witze, die ich nicht verstehe. In den Boxen nebenan wird geknutscht und gekichert. Es ist kalt, die Pferde sind warm, die Luft strömt in weißen Wölkchen aus ihren Nüstern, im Stall riecht es gemütlich nach Pferdemist und Hafer.

Das dünne Mädchen springt auf Gemini über ein Hindernis und verunglückt tödlich. Ich darf Gemini nun fast immer reiten und frage mich, woran er sich erinnert. An das Mädchen, wie es unter ihm am Boden lag? Nicht heulend aufstand, wie wir sonst doch alle immer gleich wieder aufstehen und wieder aufsteigen, was man uns so beigebracht hat. Ich fühle mich schuldig, dass ich ihn jetzt ganz für mich habe, und kann ihn nicht mehr ganz so lieben wie zuvor.

Eine Faschingsparty findet statt im Reiterverein. Warum verkleide ich mich als Mozart? Ich trage eine Perücke aus Watte mit Zopf und Locken an den Seiten, die ich selbst gebastelt habe, ein Rüschenhemd,

Wams und Kniebundhose, ich finde mich gut gelungen, stolz mache ich mich auf den Weg. Ungewöhnlich viel Schnee ist gefallen, die Straßenbahnen fallen aus. Mozart verbringt Stunden an der Haltestelle und stapft schließlich die letzte Strecke durch den tiefen Schnee, die Kniebundhose durchnässt, die Perücke wie eine nasse weiße Katze auf dem Kopf. In einem schummrig rot erhellten Raum hängen ein paar trostlose Girlanden, ein paar Jungs stehen herum und trinken Bier, kein einziges anderes Mädchen ist gekommen. Sie haben die Beatles aufgelegt, *All You Need Is Love*. Mädchenmusik. Wer cool sein will, findet die Beatles blöd und die Stones gut. Die Jungens lachen über Mozart, ziehen mir die Perücke vom Kopf und spielen mit ihr Fangen. Stumm und starr stehe ich da, entsetzt über meine verklebten, verschwitzten Haare, die nun jeder sehen kann. Ich versuche zu kichern, aber es gelingt mir nicht. Keinen Ton bringe ich heraus. Die Jungens wenden sich bald wieder ihrem Bier zu, ich bin uninteressant für sie. Erst jetzt fällt mir auf, dass ich mich als Mann verkleidet habe. Warum? Warum denn nur?

Ich flüchte in den Stall zu Gemini. Er begrüßt mich mit leisem Gewieher. Vertraute Geräusche, Schnauben, Stampfen, hier ist es friedlich und dunkel. Ich hocke mich neben Gemini ins Stroh, er bläst seinen warmen Atem in mein Haar. Ein Gerücht geht um, ein Pferdepfleger habe eine Stute mit einem Besenstiel vergewaltigt. Ich weiß nicht, was das heißen soll, ich kann es mir nicht vorstellen.

Mozart bleibt bis spät in der Nacht im Pferdestall. Ich möchte nicht mehr teilnehmen an diesen blöden Spielen zwischen Männern und Frauen.

Die Buchstaben im Schultisch werden immer tiefer, aber bevor ich den vollen Namen des Angebeteten fertiggeritzt habe, werde ich erwischt und muss nach der Schule den gesamten Tisch abhobeln und neu streichen. Doch kaum sitze ich an dem wie neu aussehenden Tisch, fange ich von vorne an. Kann es nicht lassen. Es ist eine Beschwörung, ein magisches Ritual. Er wird mich erhören, wenn sein Name vollständig ins Holz eingraviert ist, da bin ich ganz sicher. Aber ich werde nie fertig, weil der Unterricht umstrukturiert wird und wir ständig die Klassenzimmer wechseln, und so erhört er mich nie. Wie sollte er auch? Er weiß ja gar nichts von meiner brennenden Liebe.

Langsam verlässt du die Kindheit. Schreib über deinen ersten Schwarm. Hat er dich erhört? Oder nicht? Wovon hast du geträumt? Wer warst du in diesen Träumen?

Schreib über Fasching, Karneval. Wer wolltest du sein? Hast du dich wohlgefühlt in deinem Kostüm?

Wir sind immer wieder andere, am Abend nicht die, die wir am Morgen waren. Aber wir können uns an die, die wir waren, erinnern. Der Kosmos von Eindrücken in unseren Gehirnen ist ein großer Schatz (und auch oft großer Mist, keine Frage). Ihn aufzuschreiben, macht seltsam froh. Die Erinnerungen, die aufsteigen, sind unser Besitz. Sie machen uns aus. Sie erzählen, wie wir bis hierher gekommen sind, an diesen Punkt in unserem Leben. Sie versetzen uns gleichzeitig in die Vergangenheit und Gegenwart unserer Existenz, mit all ihrer Schönheit und ihrem Schrecken.

Musik

Ich sitze auf dem Wohnzimmerteppich und schüttele meinen Kopf im Takt zu *Child in Time* von Deep Purple, bis mir ganz anders wird und ich nicht mehr unterscheiden kann, wo oben und unten ist. Mein Vater fragt mich, ob da ein Eunuch singt, und das verzeihe ich ihm nie. Ich gehe auf mein erstes Konzert, Pink Floyd in der Stadthalle. Eine Hummel brummt im Sensurround rings um den ganzen Raum, und alle sind überwältigt von diesem neuartigen Hörerlebnis. Ich bin es nicht, aber rede von nun an auch nur noch davon. Ich kaufe mir meine erste LP, *Atom Heart Mother* von Pink Floyd, das Albumcover zeigt eine schwarzweiße Kuh auf grüner Wiese. Jeden Morgen stehe ich auf, setze noch im Halbschlaf den Tonarm auf die LP, putze mir die Zähne zu dem legendären Intro, dem Geräusch eines Spiegeleis, das in der Pfanne brutzelt.

LPs sind teuer, ich kann mir nur wenige leisten. Besitze die Rolling Stones, Jimi Hendrix, Allman Brothers, Janis Joplin, John Mayall und Crosby,

Stills, Nash and Young. Eine einzige Single, *I am free*, die ich von morgens bis abends spiele und singe und summe, als Antwort auf alles, auf jede Frage, womit ich meine Eltern in den Wahnsinn treibe. Ich sitze vor einem Transistorradio und nehme die Hitparade auf einem Kassettenrekorder auf, den Jahrzehnte später nur noch Hellseher und Medien benutzen, um mit dem Jenseits Kontakt aufzunehmen. Ich führe Gespräche mit ihnen für einen Artikel, den ich schreibe, allesamt schwören sie auf dieses alte Modell. Keiner von ihnen wird imstande sein, mich mit den Toten in Verbindung zu setzen oder mir die nur wenige Monate entfernte Tragödie in meinem Leben vorherzusagen. Sie schieben den Schalter nach rechts und nach links, halten an, spulen wieder zurück, lauschen aufmerksam den statischen Entladungen auf den uralten Tonbändern und behaupten, da melde sich gerade ihre eigene Mama, die Tante, der Großvater. Von meinen Verwandten kein Ton. Sie schweigen stur, weil ich nicht dran glaube.

Mit Herzklopfen sitze ich vor dem Radio und zittere, dass eine der Schwestern dazwischenruft und die Aufnahme ruiniert. Elvis Presley singt *In The Ghetto*. Er klingt altmodisch, er ist schon zu alt, wir hören seine Musik nicht mehr. Wer in und out ist, wird nicht diskutiert, das atmet man ein, weiß es ohne jede Begründung. Zwischen den Beatles- und Stones-Fans gibt es offene Feindschaft. Heimlich höre ich auch die Beatles, aber vor den Jungens gebe ich vor, dass Jimi Hendrix für mich auch der Größte ist. Wir liegen knutschend paarweise auf Matratzen im schummrigen Hinterraum einer Kneipe, an die Wände werden Dias projiziert, auf denen sich Farbschlieren in Öl träge bewegen, Jimi Hendrix singt *Are You Experienced?* Ich weiß, dass ich es nicht bin. Andere wissen immer mehr als ich. Auf der Matratze neben mir knutscht das schönste Mädchen der Klasse, sie weiß mehr und kann es einfach besser. Sie hat immer schlechte Noten, aber sie hat Erfahrung. Wenn ihr Freund sie von der Schule abholt, rennt sie auf ihn los, springt an ihm hoch und schlingt ihre Beine um seine Hüften. Das muss Liebe sein. Das ist das, was wir alle wollen. Atemlos auf jemanden zulaufen, der uns auffängt und besinnungslos küsst.

Ich finde meinen Mann, und er findet mich. Pilgere mit ihm zum Grab von Jimi Hendrix in Seattle, wir stellen ihm eine Dose Budweiser aufs Grab. Mein Mann ist auf dem Land aufgewachsen, es gibt Fotos von jungen Frauen in kurzen Röcken, die scheu hinter langen Haaren zu ihm aufblicken. Hinter ihnen steht ein Plattenspieler, daneben liegt das Cover von *Are You Experienced.*

Die Stones singen *I Can't Get No Satisfaction*, und ich weiß nicht, was zum Teufel sie meinen. Ich frage meine Mutter, sie räumt gerade den Kühlschrank ein. Sie zögert so lange, dass ich weiß, dass es etwas Ungeheures sein muss, dann sagt sie: Dafür bist du noch zu jung. Also muss es etwas ungeheuer Tolles sein.

Ich bin sechzehn und versehentlich auf eine Party mit alten Leuten um die dreißig geraten. Das Album *Sticky Fingers* von den Stones ist gerade herausgekommen. Jahre später lerne ich einen Mann kennen, der behauptet, er habe die Idee mit dem Reißverschluss auf dem Cover gehabt. Jeden Song auf der LP kann ich auswendig singen. Ich finde es unmöglich, dass so alte Leute meine Musik hören. Ein Dreißigjähriger will mit mir tanzen, ich bemitleide ihn für sein Alter, seine desillusionierten Augen. So alt möchte ich nie werden.

Und dann werde ich selbst bald dreißig. Ich höre jetzt Bob Dylan, Bruce Springsteen und Van Morrison. Immer wieder Van Morrison. Ich fahre von München nach Berlin durch die Nacht, die Fenster offen, die Musik so laut aufgedreht, dass das ganze Auto scheppert. Das Herz möchte mir aus der Brust springen vor Lebenslust und Freiheitsdrang. Dieses Gefühl bestimmt alle meine Bewegungen. Die Kassetten verwickeln und verheddern sich, die

Lieblingsmusik wird Bandsalat. Geduldig spulen wir mit einem Kuli die schmalen braunen Tonbänder wieder auf, an den Knickstellen gibt es für immer Knackser und Aussetzer. Entsetzliche Vorstellung, die *Basement Tapes* von Dylan zu verlieren, die verrauschten Mitschnitte und Bootleg-Tapes der Ramones, Clash und Sex Pistols. Manchmal muss ich schnell auf den Seitenstreifen fahren, auf einen Autobahnparkplatz, aus dem Auto springen und tanzen, sonst würde ich platzen. Ich halte auf der Durchfahrt nach Berlin in der DDR neben der Autobahn an, um zu tanzen, ich weiß, dass das streng verboten ist, aber ich kann nicht anders.

Ich tanze im Schnee in Berlin auf der Straße vor dem Kino, in dem gerade mein erster Film läuft, und höre auf dem Walkman *Into The Music.* Van Morrison übertönt mein Herzklopfen, ich tanze die 89 Minuten, die mein Film lang ist, durch und weiß, dass es niemals schöner sein kann als jetzt, in diesem Augenblick.

Ich sehe Patti Smith auf kleinen Konzerten, sie trägt weiße Bänder an den Handgelenken, als habe sie versucht, sich die Pulsadern aufzuschneiden. Jeden Morgen tanze ich zu *Horses,* ich bin unglücklich verliebt und schüttele mir den Liebeskummer aus dem Körper. *Jesus died for somebody's sins, but not mine,* brülle ich, so laut ich kann. Ich wohne in München in den komplett orange gestrichenen Wohnungen von Bekannten, die nach Poona gegangen sind oder um die Welt schippern, ziehe von einer zur anderen. Ich wohne zu zweit, zu viert, zu zehnt, überall herrscht eine Art konspiratives Unglück. Überall packe ich meine Platten von Patti Smith aus, tanze wie verrückt und singe und träume von einem Zustand, in dem ich mich nicht mehr schütteln muss.

Fast vierzig Jahre später sehe ich Patti Smith in Los Angeles wieder. Sie hat silbergraues Haar, ansonsten ist sie noch ganz die alte. Ihr Sohn spielt in ihrer Band. Sie nuschelt etwas von Rimbaud vor sich hin, was bei ihr immer wie »Rambo« klingt. All die alten Fans sind aus ihren Löchern gekommen, alte Hippies, Punks und der ganze Rest. Wir sehen ein wenig derangiert und verknittert aus, als hätten wir zu lange in einer Schublade ganz weit hinten gelegen. Wir schütteln uns den Staub aus Klamotten und Gelenken und staunen, dass wir immer noch da sind.

Schreib über Musik. Wann hast du was gehört? Welche Musik hat dich begleitet? Welche Musik bringt dich jetzt noch zurück in andere Zeiten? Wer bist du, wenn du die Musik von früher hörst? Wo bist du?

Schreib übers Tanzen.

Verloren und gefunden

An einem heißen Sommertag hält ein Kind seinen nackten Fuß aus dem Autofenster. Meine Schwester verlor so eine Sandale. Meine Mutter hielt an, wir suchten die ganze Straße ab, aber fanden sie nicht. Meine Schwester schrie wie am Spieß, und es nützte nichts, ihr immer wieder zu sagen, es sei doch nur eine billige Plastiksandale gewesen.

Mein Neffe verlor einen Milchzahn in Tel Aviv am Flughafen und war untröstlich. Er jammerte, das sei sein schönster Zahn gewesen, und weigerte sich, ohne diesen Zahn ins Flugzeug einzusteigen. Sicherheitskräfte suchten auf den Knien den Boden ab, ihre MGs schleiften sie dabei hinter sich her. Der Zahn blieb verschwunden.

Meine Mutter verlor ihren Ehering in der Küche, und Jahrzehnte später tauchte er beim Umgraben eines Beetes im Garten wieder auf.

Ich verlor meinen Mann. Und meine beste Freundin. Meinen Vater. Alles andere, was ich verloren habe, habe ich vergessen.

Nein, das ist nicht wahr. Ich habe Kleider verloren in all den Wohnungen, aus denen ich Hals über Kopf, nur mit einer Plastiktüte in der Hand, ausgezogen bin. Einen gelben Rock mit kleinen weißen Booten. Einen roten Seidenrock mit schwarzen Punkten. Einen Fuchspelz, aber der war schon ziemlich zerzaust. Eine geliehene und nie zurückgegebene schwarze Lederhose. Ein blaues, besticktes Kleid von meiner besten Freundin. Erst habe ich das Kleid und dann meine Freundin verloren. Ich habe Zuversicht und Optimismus verloren.

Leichtigkeit und Mut.

Heiterkeit.

Ich habe ein Geschenk eines Mannes verloren, das er mir in San Francisco gekauft hatte, einen kleinen Affen, der in die Hände klatschte, wenn man ihn aufzog. Ich wartete vor dem Geschäft, in dem er es kaufte, eine Frau mit wirren Haaren kam auf mich zu, griff meine Hand, hielt sie fest und las in ihr: Du wirst privat immer verlieren und beruflich immer gewinnen. Ich wollte es nicht hören, ich glaube nicht an Wahrsager, aber ich konnte es nie wieder vergessen.

Ich habe meinen Hausschlüssel verloren. Immer wieder habe ich die Straße abgesucht, wo ich zuletzt gewesen war, in allen Geschäften, in denen ich eingekauft hatte, habe ich nachgefragt, jeden

Zentimeter Asphalt durchkämmt. Nichts. Kopflos habe ich nach meinem Schlüssel gesucht, am Ende ohne einen Funken Logik oder Wahrscheinlichkeit. Schließlich habe ich aufgegeben, als es dunkel wurde. Ich saß in einer Kneipe vor einem Glas Leitungswasser, weil ich kein Geld dabeihatte. Und niemand war zu Hause. Niemand ging ans Telefon. Warum bin ich dann doch noch einmal an die Stelle zurückgegangen, wo ich den Schlüssel verloren hatte? Natürlich war der Schlüssel dort nicht zu finden, ich hatte die Stelle ja schon etliche Male weiträumig und gründlich abgesucht. Ich habe mich auf den Bordstein gesetzt und in den Himmel gesehen. Ganz weit nach oben zum Mond. Und da hing mein Schlüssel. Direkt über mir an einem Verkehrsschild. Dieses Glücksgefühl, das einen überflutet, wenn man etwas Verlorengeglaubtes wiederfindet. Die Dankbarkeit dem rücksichtsvollen Finder gegenüber, der den Schlüssel dort hingehängt hatte, wo ihn, wie er dachte, doch jeder sofort sehen müsste. Ich schwöre mir, öfter irrational optimistisch zu sein. Und verliere diesen Schwur gleich wieder.

Schreib über Verlorenes. Wann ist etwas wirklich verloren? Was hast du verloren und wiedergefunden? Was für immer verloren? Was vermisst du? Verlust ist unser aller Thema. Wenn wir uns daran erinnern, bekommen wir das Verlorene zwar nicht in der realen Welt zurück, aber wir bekommen uns zurück. Mit allem Schmerz, aber der Schmerz ist Vergangenheit. Es geht nicht darum, ihn wiederzubeleben, sondern ihn zu erobern und etwas Neues aus ihm entstehen zu lassen.

Lost and found

Das erste Kleid meiner Tochter habe ich in einer *»lost and found«*-Kiste in Telluride in Colorado gefunden. Ein erdbeerrotes, winziges Samtkleid, das doch keiner verloren haben konnte? Es war anscheinend in die Kiste gelegt worden, damit jemand anders es findet. Es fand uns, angereist aus einem fernen Land, nur für wenige Stunden in dieser Stadt. Jetzt oder nie hatte das Kleidchen die Chance, meine kleine Tochter zu finden. Es war ihr erstes Kleid, es erinnerte mich an meinen roten Samtrock, an mein unerschütterliches Selbstvertrauen als Kind, bis der große schwarze Hund kam.

Oft denke ich, mein Kind hat mich gefunden. Die Panik, die jeder, der ein Kind bekommt, von der ersten Sekunde an verspürt: Was ist, wenn ich verliere, was mich gerade erst gefunden hat? In meiner ersten Nacht als Mutter, mein Kind gut versorgt in seinem Bettchen neben mir, war ich hellwach, wie man zu sein hat, damit man die wilden Tiere abwehren kann, die bereits durchs Gebüsch streifen und sich die Lefzen lecken in der Aussicht auf frisches Babyfleisch. In diesem Augenblick befiel mich die Schlaflosigkeit. Für immer. Auch als die wilden Tiere sich zurückzogen, konnte ich nicht mehr schlafen. Ich bin eine Schlaflose, die hört, wenn der Nachbar in der Wohnung über uns den Lichtschalter betätigt, jemand auf der Straße niest, die Katze vom Sofa springt. Nie wieder kann ich die Welt abschalten wie ein Radio. Ich bin dazu verdonnert, immer weiter zuzuhören, ob ich will oder nicht. Keine Ohrstöpsel helfen, keine Geräuschunterdrückung, keine White-Noise-Maschinen. Ich höre alles.

Im Augenblick der Geburt werde ich mit einem Mal verbunden mit der ganzen Welt, mit allen Eltern durch alle Zeiten hindurch, mit ihrer Freude und ihrem Horror: Was ist, wenn, wenn dir dieses Wesen wieder entrissen wird?

Wie viel Zeit wir verlieren mit Sorgen und schwarzen Gedanken.

Zuversicht ist ein schönes Wort.

Als Teenager, als es überall in Europa noch Grenzen gibt, verliere ich in Avignon meinen Pass. Ich bin hier, um Französisch zu lernen, aber gleich am zweiten Tag werde ich als Nazi und *boche* beschimpft, ich bin die kleine Tochter der deutschen Feinde, der man die Verbrechen nicht verzeihen kann. Das verstehe ich, aber ich spreche daraufhin kein Wort Französisch mehr, sondern verliebe mich besinnungslos in einen großen, blonden amerikanischen Studenten. *Ne faites pas des extravagances avec cet américain,* sagt meine strenge Gastmutter zu mir.

Ja, genau! Das möchte ich! *Des extravagances!* Möglichst viel davon! Wir liegen in einer Wiese, mein Kopf auf seiner Brust, stundenlang betrachte ich sein markantes, männliches, bärtiges Kinn von unten. Traue mich nicht, mich zu bewegen, aus Angst, dann nie wieder auf seiner Brust liegen zu dürfen. Wir essen Baguette und Käse und Orangen. Die Landschaft um uns herum hat Cézanne gemalt. Der Amerikaner weiß alles. Er ist Vegetarier und meditiert, beides berückend exotisch für mich. Nie wieder will ich von ihm lassen, aber er fährt zurück in die USA, wo seine Freundin, die als *dental hygienist* arbeitet, auf ihn wartet. Von diesem Beruf habe ich noch nie gehört. Am Vorabend seiner Abreise zieht er mich auf die Stadtmauer, was streng verboten ist, und wir wandern um die ganze Stadt herum. Nur ein Amerikaner macht so etwas. *Extravagances.* Ohne ihn wird Avignon wieder grau und feindselig, ich möchte heim. Meine französische Schulklasse geht ins Kino, in den Film *Love Story*. Er ist französisch synchronisiert, ich verstehe kein Wort, aber weine mir die Augen aus dem Kopf, weil Ryan O'Neal aussieht wie mein Amerikaner. Als endlich der Tag meiner Abreise kommt, verliere ich meinen Pass. Hektisch laufe ich zurück an verschiedene Orte, wo war ich genau? Ich kann mich nicht erinnern, ich schwitze, mein Herz klopft wild, meine Gedanken verknäueln sich, ich fühle mich hilflos, gefangen: Ohne Pass komme ich nicht über die Grenze und nie mehr nach Hause. Ich muss für immer hier bleiben, wo man mich nicht mag. Benebelt trotte ich zum Bahnhof, ich habe keine Ahnung, wie es weitergehen soll, als mich eine kleine, ältere Frau in einer weißen Schürze von hinten am Mantel zupft. Außer Atem wedelt sie mit meinem grünen Pass. In einer Bäckerei habe ich am Morgen ein Croissant gekauft, dabei war er mir aus der Tasche gefallen. Ich habe vergessen, überhaupt in der Bäckerei gewesen zu sein. Diese Erinnerung hatte ich buchstäblich verloren. Überwältigt werfe ich mich an ihre Brust und heule, sie riecht nach frischem Baguette, Brioches und Croissants, sie tätschelt mir den Rücken und nennt mich *»ma petite choucroute«*, mein kleines Sauerkraut – oder verstehe ich sie falsch? Sie gurrt wie eine Taube, verzeiht mir meine Überschwenglichkeit, meine Nationalität, die verfluchte deutsche Geschichte. Ich bin so gern ihr kleines Sauerkraut.

Meine Erinnerungen vermischen sich mit deinen Erinnerungen.

Wenn ich über Verlorenes schreibe, erinnerst du dich an Verlorenes. Wenn ich über Gewonnenes schreibe, erinnerst du dich an Gewonnenes.

Die Erinnerungen verändern sich und wandern. Sie werden zu Geschichten, zu unseren gemeinsamen Geschichten, unserem Kosmos der menschlichen Erfahrungen, den es immer neu zu füllen gilt mit ihrer Einzigartigkeit. Deshalb ist persönliche Geschichte erzählenswert. Die genaue Beschreibung der Einzigartigkeit jedes Einzelnen von uns bewahrt uns vor der Vorstellung, dass die Dinge klar und einfach sind. Sind sie nicht. Sie in all ihrer Widersprüchlichkeit zu beschreiben ist Waffe gegen Dogmatismus und Ausgrenzung. Allein deshalb sollten wir uns erinnern. Und schreiben.

Wir lernen uns kennen

Ich finde N, meine beste Freundin, im College in Stockton, Kalifornien. Zuerst teile ich das Zimmer mit Gwendolyn, die aus irgendeinem der Staaten in der Mitte kommt, von denen ich keine Vorstellung habe. Sie erschrickt über meine schwarze Unterwäsche, die ihrer Ansicht nach nur Huren tragen, und meldet dies der Hausmeisterin des Studentenheims. Abends, nachdem sie sich sehr sorgfältig mit *cold cream* abgeschminkt hat, spricht sie lange und leise mit ihrem Farn, einem riesigen Gewächs, das sie extra mitgebracht hat. Ihr Farn begleitet sie schon ihr ganzes Leben lang. *My fern.* Ich höre, wie sie sich flüsternd bei ihm über mich beschwert, *the strange German girl.* Ich gehe nackt über den Flur in die Dusche. Ich rasiere aus feministischen Gründen meine Beine und Achseln nicht. Ich bin gegen den Vietnamkrieg. Ich spreche komisches Englisch. Die Hausmeisterin erlöst Gwendolyn von mir und bestimmt, dass ich von nun an das Zimmer mit einer großen blonden Schönheit aus Chicago teilen werde, über die es auch nur Beschwerden gibt. Sie packt uns beide in die Küche, weil es kein freies Zimmer gibt. N und mich. N wird diese Geschichte sehr oft erzählen. Keiner hat es mit uns ausgehalten. Nur wir miteinander, wird sie sagen. Mein Bett steht unter der Spüle, ihres neben dem Herd. Es ist sehr eng in dem Zimmer, aber das ist uns egal. Wir sitzen auf einem versifften Teppichboden und rauchen und reden. Jeden Tag, jeden Abend, die Nächte hindurch. Sie bringt mir Englisch bei, wie sie es spricht. Eine Menge selbsterfundener Wörter, die mich begeistern. Sie mischt sie mit jiddisch und spanisch. Sie sagt zu mir: *Vámonos, meschuggene chick*.

Welche Wörter kennst du, die sonst niemand gebraucht? Wie nennst du den Matsch, den man braucht, um Sandburgen zu bauen? Bei uns hieß er Kalamatsch, die genau richtige Mischung aus Wasser und Sand, die man über Sandburgen tröpfelt.

Fällt es dir nicht ein? Fällt dir gar nichts ein? Es gibt eine Zauberformel, die immer funktioniert. Sie lautet: Ich erinnere mich an. Wenn mir nichts einfällt, schreibe ich diese Zauberformel wieder und wieder: Ich erinnere mich an, ich erinnere mich an … (1. Regel: Mach keine Pause!) Und irgendwann erinnere ich mich. Garantiert.

Drogen und andere Substanzen

Ich erinnere mich an N, die für mich so Schöne. Andere finden sie zu groß, zu direkt, zu seltsam. Ich bewundere sie, ihre ganze Art, ihren Individualismus, ihre Erfahrenheit in Dingen, von denen ich keine Ahnung habe. N kennt Drogen, von denen ich noch nie gehört habe. Quaaludes, Speed, Pilze, Acid und Opium. Sie bringt mir bei, was ein *roach clip* ist und wie man ihn hält, ohne dass man sich die Finger am letzten Ende eines Joints verbrennt. Sie lacht darüber, dass ich aus Hannover nur *shit* kenne, wie wir Haschisch nennen. Ich bin eine Drogenhochstaplerin. Ich nehme alles, aber von allem nur ein kleines bisschen. Ich bin unter dem Stab des Äskulaps und der Schlange aufgewachsen und weiß, dass alles Gift ist, wenn man zu viel davon nimmt. Aber wahrscheinlich habe ich einfach keine Suchtpersönlichkeit. Ich finde einen veränderten Geisteszustand nicht interessanter als einen unveränderten. Ich bin nicht gern betrunken und genauso wenig high, denn ich habe genug damit zu tun, meine überwältigende Gegenwart zu begreifen, ich bin auch ohne Drogen die ganze Zeit wie im Rausch. Es gibt auf dem Campus fast nur große, blonde, absurd gutaussehende junge Männer mit blendend weißen Zähnen. Manche haben verrückt viel Geld und eigene Autos, einer sogar einen goldenen Mercedes. Sie tragen in den Hosentaschen jede Art von Drogen mit sich herum, die sie großzügig teilen. Sie finden es verrückt und exotisch, dass ich sie in unser Küchenwohnzimmer einlade und Spaghetti koche. N warnt mich, dass das in Amerika einem Heiratsantrag gleichkommt. Ich kapiere die Regeln des *dating* nicht, die korrekte Reihenfolge von Kino, Essen, Sex, ich verliebe mich in alle. N verknallt sich nur in einen, der aber kein *commitment* zeigt. Dieses Wort spielt eine große Rolle, und ich verstehe seine Bedeutung nicht. In Hannover ging man miteinander ins Bett, war dann irgendwie zusammen, und dann war man es nicht mehr. Es wurde nicht diskutiert, und es gab weder für das eine noch für das andere erklärbare Gründe. Hier aber wird sehr, sehr viel geredet, und N weint bittere Tränen, weil sie kein *commitment* von dem Angebeteten bekommt. Aber wozu soll man sich bekennen? Wir sind noch nicht einmal zwanzig, alles ist in Bewegung und verändert sich von Tag zu Tag, ich habe keinen Plan. Ich wandere über den gepflegten Campus wie durch ein Traumland, in dem jeden Tag die Sonne scheint und das keinen Pfifferling auf die ganze bürgerliche Bildung gibt, die ich aus Deutschland mitgebracht habe. Mein Professor lässt uns *Antigone* von Sophokles lesen und fragt, ob es eine gute *story* sei oder nicht. Ich bin schockiert und begeistert. *A good story!* Für diese profane Frage wäre man in meinem humanistischen Gymnasium in den Keller gesperrt worden und hätte mit einem Radiergummi die Wände säubern müssen. Hier sind alle so gut gelaunt, *so much fun,* und es ist nur schlimm, wenn man *no fun* ist, also gebe ich mich sehr viel lustiger, als ich bin. Wie ein Chamäleon auf Speed versuche ich mich ganz schnell an alles anzupassen, aber es fällt mir schwer, immer gute Laune zu haben.

Es gibt Vietnamveteranen, kaum älter als ich, die in Rollstühlen auf Rampen in die Unterrichtsräume rollen. Ihnen fehlen Beine und Arme, manche haben einen wilden Blick und reden wirr. In Hannover war ich auf Demos durch die Straßen gezogen und hatte »Ho Ho Ho Chi Minh« gerufen, an das Portal unserer Schule hatte jemand *Stop the war in Vietnam* gepinselt, im Zug war ich einer Gruppe junger schwarzer GIs begegnet, die mich fragten, wohin ich denn fahre. »Munich«, sagte ich und fragte sie, und lakonisch antworteten sie: »Vietnam.«

Die Beach Boys spielen auf dem Campus, die sind bereits alt und so out, dass man ihnen nur noch ironisch zuhören darf.

N singt ständig vor sich hin. Sie hat eine tolle Stimme und kennt die Texte aller Popsongs auswendig. Zum ersten Mal verstehe ich, was Bob Dylan singt. N hat bereits in Bars gesungen, bevor sie aufs College kam, was ich beneidenswert anrüchig finde. Sie dagegen findet es wie Gwendolyn besorgniserregend, dass ich nackt durch die Flure in die Dusche spaziere und mir nichts dabei denke. Was soll ich mir denn unter lauter Frauen denken, frage ich sie, und laden unsere Professoren uns nicht dauernd ein, mit ihnen kiffend in *hot tubs* zu sitzen? Das mache allerdings nur ich mit, N nie. Und nie, nie sehe ich sie nackt, obwohl wir doch zusammen in einem Zimmer wohnen.

Ich dagegen sitze nackt mit anderen in dampfenden Waschzubern und diskutiere Filme von Alain Resnais und Jean-Luc Godard, lerne als Rausch-Beschleunigung im heißen Wasserdampf zu kiffen, höre mir von den Männern an, man dürfe Liebe und Sex niemals vermischen. Siehst du, sagt N, *no fucking commitment.*

Und was machst du, wenn sich jemand commited?, frage ich sie. Ziehst du dann mit ihm in einen Bungalow in der Vorstadt?

Sie zeigt mir ein Foto von ihrer Mutter auf der Terrasse eines solchen Bungalows mit giftgrünem Rasen und Doppelgarage, in der einen Hand einen Highball, in der anderen eine Zigarette. Sie habe sich von ihrer Mutter nie gesehen gefühlt, beklagt sie sich, und ich halte das eher für einen erstrebenswerten Zustand. Ich verstehe nicht, was sie meint, denn ich wurde sehr genau von meinen Eltern wahrgenommen, ohne dass sie mir je Vorschriften machten. Ich werde lange brauchen, um zu verstehen, wie besonders das ist.

Als Dreijährige ist N splitterfasernackt auf ihrem Dreirad davongefahren, und als sie von einem Nachbarn aufgegriffen und nach Hause gebracht wurde, hatte niemand ihre Abwesenheit überhaupt bemerkt. Sie schreibt ihren Eltern nicht, telefoniert auch nicht mit ihnen. Immer hat sie eine kleine Plastiktüte mit Gras bei sich, und immer hat sie genug Geld, um Nachschub zu kaufen. Sie lebt von den Dividenden ihres Trustfunds, ich habe keine Ahnung, was genau ein Trustfund ist, aber ich finde es unmoralisch, von der Akkumulation des Kapitals zu leben. Meinen erlernten Politjargon beherrsche ich leider nur auf Deutsch, wenn ich ihn holprig ins Englische übersetze, ernte ich bloß Heiterkeit. Natürlich akzeptiere ich großmütig, dass meine Eltern mich das ganze Studium über unterstützen.

Am Wochenende fahren wir in Gruppen in den Yosemite Park zum Pilzesuchen, was ich erst nicht verstehe. Ich erzähle von den Pfifferlingen und Steinpilzen der heimischen Wälder und von Pilzrezepten, aber hier geht es um ganz andere Pilze, um *magic mushrooms* und ihre richtige Einnahme, um *amazing, good* oder *bad trips*. Manche kommen von *bad trips* aus eigener Kraft nicht mehr runter und brauchen psychologische Hilfe. Die wird ganz selbstverständlich von der Uni angeboten und ebenso selbstverständlich in Anspruch genommen. Immer wieder liegen auf dem Campus Studenten auf dem Rasen und schreien und heulen, bis jemand einen *shrink* holt. Ich frage mich, wen der Therapeut zum Einlaufen bringen soll wie ein zu heiß gewaschenes T-Shirt. Das Gehirn? Die Seele? Und warum will man das? Alle sind so gut gelaunt und gleichzeitig so unglücklich. Die Frauen wegen der Männer, und die Männer wegen der Gesamtsituation. Ich halte das Unglücklichsein ganz europäisch für einen normalen Zustand, der nicht geschrumpft werden muss und auch gar nicht geschrumpft werden darf, besonders dann nicht, wenn man Künstler sein will, und das wollen wir alle sein, wenigstens ein bisschen. N will singen, und ich will *good stories* erzählen. Noch stehe ich als Schauspielerin auf der Bühne, aber man besetzt mich immer nur als

Nutte, weil ich einen Akzent habe, als Nutte ist das anscheinend akzeptabel. Erstaunlich, in wie vielen Theaterstücken eine Nutte vorkommt, meistens hat sie ein goldenes Herz. Der Kostümbildner stopft mir den BH mit Watte aus, denn ein großes Dekolleté ist für meine Rolle unerlässlich. Ich lerne das Wort *cleavage,* was N oft erwähnt vor ihren späteren Bühnenauftritten als Sängerin. Auch dort braucht man ihrer Meinung nach ein großes Dekolleté. Sie hebt Waschmittelflaschen als Gewichte und singt dazu: *I must, I must exercise the bust.*

Ich bin plötzlich unglücklich. Ich will keine Schauspielerin werden. Ich will auch nicht mehr in Kalifornien sein, denn ich habe mich unsterblich in einen jungen Mann aus New York verliebt, der aussieht wie Che Guevara. Er ist Jude, und auf dem Campus lacht man über uns, nennt mich Nazischlampe und ihn Masochist. Wir sitzen in der heißen Badewanne und sind beide so schrecklich unglücklich, dass wir uns zusammen die Pulsadern aufschlitzen wollen, was sich als Idee sehr romantisch anfühlt. Wir weinen und sind verzweifelt. Dann bekommen wir Hunger.

Schreib über eine Freundin. Einen Freund. Darüber, wie ihr euch kennengelernt habt. Was du an ihr oder ihm bewundert hast. Was euch zusammengebracht hat und was euch getrennt hat. Immer wieder zehn Minuten am Stück. Und dann noch mal und noch mal …

Hinterteile

Noch unglücklicher als über Männer war N über ihr Hinterteil, das ziemlich ausladend war. Ihr Leben lang verfluchte sie ihren Hintern. Versuchte ständig, ihn durch Übungen und Diäten zu verkleinern. Für meine Hochzeit habe ich überall abgenommen, klagte sie, nur nicht an meinem verdammten Hintern! Es war, als würde sie sich ständig von hinten betrachten. Am Oberkörper trug sie Kleidergröße 38 und 44 bei Hosen und Röcken. Nein, nein, beruhigte ich sie immer wieder, dein Hintern ist gar nicht groß. Aber wenn ich hinter ihr herging, betrachtete ich ihn staunend. Es war ein ganz und gar amerikanischer Hintern. Ich habe keine Erklärung dafür, warum Amerikaner oft so riesige Hinterteile haben. Weil sie so viel im Auto sitzen? So wenig zu Fuß laufen? N versuchte, ihr Hinterteil durch Kleidung zu kaschieren. Ich bewunderte ihren Stil, einen wilden Mix aus Secondhand-, Ethnokram, Glitzer, zerrissenen Punk- und teuren Designerklamotten von Donna Karan und Ralph Lauren, die ihr ihre

Mutter kaufte, wie sie mir verschämt gestand. Ständig tauschten wir unsere T-Shirts, Jacken, Kleider, nur unsere Hosen und Röcke passten nie. Als mein allererster Film in New York lief, stattete N mich mit einem goldglitzernden Kleid aus, hängte mir ein paar Ketten um den Hals, lieh Stöckelschuhe und Netzstrümpfe von einer Freundin und schubste mich in ein Taxi. Als wir vorm Lincoln Center ankamen, gab es eine lange, lange Schlange vor der Kinokasse. *Oh my god,* rief N aufgeregt, das ist deine Schlange! Deine Schlange! Sie war außer sich vor Begeisterung und Mitfreude. Sich am Erfolg eines anderen freuen konnte niemand so gut wie sie. Wie sehr habe ich versucht, das von ihr zu lernen. Versuche es immer noch.

Als ich das erste Mal aus Amerika nach Hause zurückkam, sagte mein Vater zu mir: Donnerwetter, Kind, was hast du für einen riesigen Hintern in Amerika bekommen.

Ich hatte mir angewöhnt, Spiegeleier und *english muffins* zum Frühstück zu essen und Pfannkuchen mit Ahornsirup. Nichts liebte ich mehr als BLTs, *bacon, lettuce and tomato sandwiches,* in denen der Speck zentimeterweise aufgeschichtet wird.

Ich beneidete N um ihren schmalen Oberkörper, ihre Taille, und sie mich um meine langen Beine. Sie nannte mich *legs. Look at those legs,* sagte sie immer wieder. Sie hatte sehr lange, schmale Hände, mit denen sie das Essen zerzupfte, was mich rasend machte. Nie biss sie in ein Sandwich, sondern zupfte Bissen für Bissen ab und schob ihn sich in den Mund, zwischen ihre perfekten, weißen, amerikanischen Zähne. Alles, was ich esse, geht geradewegs in meinen Hintern, seufzte sie, *my damn butt*. Versehentliche Anrufe auf dem Handy nannte sie *butt calls,* weil man sich aus Versehen aufs Handy in der Hosentasche gesetzt hatte.

Als sie so große Schmerzen hatte, dass sie es nur noch in der Badewanne aushielt und wir uns die meiste Zeit im Badezimmer aufhielten, sah ich sie zum ersten Mal nackt. Sie und ihr Hinterteil, einen wunderschön gerundeten, perfekten, großen Po.

Erinnere dich an den Körper eines Freundes, einer Freundin. Wie hast du ihn wahrgenommen? Wie über ihn gesprochen? Was hast du dir heimlich gedacht? An welche Details kannst du dich erinnern?

Schreib über deinen eigenen Körper. Über deinen Bauchnabel, deine Ohren, deine Zehen, deine Hände. Und vergiss nicht: Nicht nachdenken!

Allein

Es ist Winter in New York, und sie ist ganz allein. Noch nie war sie ganz allein in ihrem Leben. Sie würde gern N in Kalifornien anrufen, aber sie hat kein Geld. Ihr Freund wohnt weit weg bei seinen Eltern, in einem anderen Staat. Sie dachte, er wohnt in New York, das hatte er doch immer gesagt, aber das stimmt nicht. Er wohnt bei seinen Eltern, die er trösten muss, weil sie außer sich sind. Wegen ihr. Er hat ihr vieles nicht gesagt. Für dreißig Dollar Miete in der Woche zieht sie in ein Hotel in der 33. Straße. *Dirtydirt Street,* sagt ihr Freund wie ein Italoamerikaner. Er kann jeden Akzent nachmachen. Er bringt sie zum Lachen. In dem Hotel wohnen Arme, Verzweifelte, Drogenabhängige, Alkoholiker. Keine einzige Frau außer ihr. Das Zimmer ist dunkel, so sieht man die Flecken auf dem Teppich und dem Bettlaken weniger. In der Badewanne bewegt sich etwas. Als sie das Licht anmacht, erkennt sie Hunderte von Küchenschaben. Sie bemüht sich mit aller Kraft, ruhig zu bleiben. Sie starrt sich in dem fleckigen Badezimmerspiegel an und beschwört sich, nicht zu heulen. Sie ist schließlich kein Baby mehr, sie ist achtzehn. Nachts hämmern Menschen an ihre Tür. Brüllen. Schreien. Der alte Heizungskörper keucht und faucht. Es ist brütend heiß, aber das Fenster kann man nicht öffnen, und sie traut sich nicht, die Tür aufzumachen. Um sich abzulenken, lässt sie sich von ihrem letzten Geld in einem kleinen Schmuckladen ein Ohrloch stechen. Zwei wären zu teuer. Brav dreht sie jede Stunde den kleinen goldenen Stecker in ihrem Ohr, damit das Loch nicht zuwächst. Sie zittert vor Furcht und wünscht sich nichts mehr, als dass ihr Freund zurückkommt. Als ihr Geld alle ist, nimmt er sie schließlich mit nach New Jersey in ein kleines Haus in einer Vorortsiedlung. Seine Eltern sprechen Englisch mit starkem Akzent. Sie sind Überlebende. Mit ihr sprechen sie Jiddisch. Wenn sie sich Mühe gibt und seine Eltern ganz langsam sprechen, versteht sie es. Ihr Freund nicht. Es hat nichts mit dir persönlich zu tun, sagt seine Mutter zu ihr, aber du musst verstehen, dass wir eine Deutsche nicht als die Freundin unseres Sohnes akzeptieren können.

Ja, sagt sie. Das verstehe ich.

Es gibt Kartoffelpuffer und Apfelmus. Es ist Hannukah. Davon hatte sie noch nie gehört. Sie kannte bis jetzt keine Juden. Es gab keine Juden mehr in Hannover. Sie sitzt am Esstisch und hört ihn nebenan mit seinem Vater streiten. Der Vater möchte, dass er zur Vernunft kommt. Was denn für eine Vernunft?, schreit ihr Freund. Deine Vernunft ist nicht meine Vernunft! Dein Leben ist nicht mein Leben! Ich will mein eigenes Leben!

Seine Mutter gibt ihr gehackte Hühnchenleber auf einem getoasteten Bagel zu essen, setzt sich zu ihr an den Tisch und sieht schweigend zu, wie sie isst. Sie isst alles auf. Sie isst immer alles auf. Das ist alles, was sie tun kann. Seine Mutter seufzt und streicht das Tischtuch glatt. Es ist ein mit Wiesenblumen besticktes Tischtuch, wie sie es aus Deutschland kennt, roter Mohn, blaue Kornblumen, gelber Löwenzahn. Der Geruch im Haus ist nicht wie in Amerika. Dort riecht es überall nach einem ganz bestimmten Putzmittel, das es in Deutschland nicht gibt. Die Flughäfen riechen so, die Klassenräume, die Büros.

Ich ersticke hier, sagt ihr Freund.

Sie schlafen im Bett des Bruders, der in einer anderen Stadt studiert. Über dem Bett hängt ein handgemaltes Schild: Mein Ziel für dieses Jahr: 20 000 Dollar verdienen. Darüber lachen sie. Ansonsten weinen sie viel, weil sie nicht weiterwissen. Sein Vater bedrängt den Sohn, Jura zu studieren. Etwas Vernünftiges. Aber er will nicht vernünftig sein, in keiner Beziehung. Was willst du denn dann?, fragt sein Vater.

Wir sind nach Amerika ausgewandert, als unser erster Sohn geboren wurde, sagt seine Mutter zu ihr. Wir wollten nicht, dass er vielleicht eines Tages eine Deutsche heiratet. Verstehst du das?

Ja, sagt sie, das verstehe ich.

Komm, sagt ihr Freund zu ihr, mitten in der Nacht. Wir gehen. Ich halte es hier nicht aus.

Sie ziehen in Manhattan in ein acht Quadratmeter großes Zimmer. Sie sucht sich einen Job. Ihr Freund bleibt im Bett. Er kann nicht mehr aufstehen. Er weint den ganzen Tag. Sie weiß, warum, aber sie können nicht darüber sprechen. Es fehlen ihnen die Worte. Sie vermisst ihre Freundin N. Sie ist auch seine Freundin, aber er kritisiert sie ständig. Er findet, dass sie eine Hochstaplerin ist und nichts wirklich kann. Er verzeiht ihr nicht, dass sie ihren Nachnamen ändert, weil sie meint, dass sie mit ihrem jüdischen Nachnamen im Musikgeschäft keine Chancen hat.

Er geht nach Israel.

Er kommt zurück.

Er arbeitet als Schauspieler.

Er arbeitet als Fotograf.

Er arbeitet in einem Zigarrenladen. Sie sieht ihn dort Jahre später noch ein einziges Mal. Sie hat ihr kleines Kind an der Hand. Schüchtern lächeln sie sich an. Sie erkennt ihn kaum. Er hat seine schönen schwarzen Haare verloren. Er ist so klein und schmal. Er lacht noch wie früher.

N spricht noch manchmal mit ihm am Telefon.

Zu ihrer Beerdigung kommt er nicht.

Der alte Trick: In der dritten Person schreiben, wenn es zu kompliziert oder zu traurig wird. Das macht es oft leichter, manchmal kann man sogar ehrlicher sein als in der ersten Person.

Schreib etwas, was dir wirklich nahegeht, in der ersten Person, und dann noch einmal in der dritten Person. Was ist einfacher? Was ist wahrer? Was geht tiefer?

Sterben

»Die Kindheit ist das Königreich, in dem niemand stirbt«, heißt es in einem Gedicht von Edna St. Vincent, und tatsächlich starb niemand, als ich ein kleines Kind war. Aber es gab Männer mit Händen aus schwarzem Leder, die etwas Schlimmes überlebt hatten, andere hatten Granatsplitter im Bein oder waren verschüttet gewesen, Frauen trugen schwarze Strümpfe und schwarze Hutschleier vor dem Gesicht, sie waren Witwen, das wusste ich. Die Menschen, die starben, waren alt oder krank oder gefallen, was wie hinfallen klang, aber wenn man gefallen war, konnte man offenbar nicht mehr aufstehen. Für viele war das Sterben anscheinend eine »Erlösung«, von der in einem seltsam tiefen Flüsterton geredet wurde. Oder auf Latein, wie meine Eltern, wenn sie über kritische Situationen von Patienten sprachen. Dann wusste ich, dass das etwas mit Tod und Sterben zu tun hatte, aber von anderen, nicht mit uns, nicht mit der eigenen Familie. Wir befanden uns alle miteinander unter einer Schutzglocke, so muss ich mir das vorgestellt haben. Was für andere galt, galt nicht für uns. Bis ich eines Nachmittags von einem Nachmittagsschlaf aufwachte, ich muss ungefähr vier oder fünf Jahre alt gewesen sein, und wie von einem Blitz von der Erkenntnis getroffen wurde, dass alle Menschen sterben müssen, auch meine Eltern und meine Geschwister, einfach alle. Ich fing an zu weinen, und bis heute erinnere ich mich an den tiefen Schmerz in der Brust, der sich ganz anders anfühlte als normales Heulen oder Plärren. Ich sah mich ganz allein auf der Welt, die rund und kahl aussah wie beim kleinen Prinzen. Niemand war mehr da. Ich blieb als einziger Mensch übrig, nur ich, ganz allein, und diese Erkenntnis brachte mich noch mehr zum Schluchzen. So weine ich bis heute im Traum. Ich wache auf, mein Kissen ist tränennass, Brust und Kehle brennen wie Feuer. Auf den Begräbnissen geliebter Menschen weine ich so, genau wie als Kind. Ganz genau so.

Schreib übers Sterben. Den Tod. Den Verlust. Heul dir die Augen aus dem Kopf beim Schreiben. Es bringt dich nicht um.

Wenn du danach eine Pause brauchst, hör nicht auf zu schreiben, sondern schreib über etwas Hübsches. Zum Beispiel über Schokolade.

Schokolade

Ich erinnere mich an Schokolade, Berge von schwarzer Schokolade. Immer muss es schwarze Schokolade sein, die mein Vater nach dem Mittagessen an uns alle verteilt, und noch einmal nach dem Abendessen. Nie wird darüber gesprochen, ob diese Berge von Schokolade vielleicht ungesund sind und uns alle um den Schlaf bringen. Wir sind süchtig, essen Tafel um Tafel, unumstößliches Ritual. Als wir nicht mehr zu Hause wohnen, bringen wir bei allen Besuchen meinem Vater schwarze Schokolade mit wie einen Obolus. Essen zusammen Schokolade. Fast nie hat er über uns bestimmt, nur einmal verfügt, dass ich in der Schule Altgriechisch nehme, was ich dann so viel lieber mochte als Latein. Eine kleine Münze wurde im alten Griechenland den Toten unter die Zunge gelegt, um den Fährmann zu bezahlen, der einen hinüberfahren soll über den Fluss Styx in das Totenreich. Ich möchte, dass man mir ein Stück schwarze Schokolade unter die Zunge legt, am liebsten eine in schwarze Schokolade gehüllte Mandel. In der blauen Dämmerung wandere ich über einen riesigen japanischen Friedhof, kein Mensch weit und breit, ich bin ganz allein. Kleine Steinlaternen erleuchten gelb den Weg, die moosbedeckten Grabmale und Buddhastatuen. Im Rucksack trage ich meine liebste japanische Nascherei, Mandeln umhüllt von schwarzer Schokolade. Ich setze mich auf die Stufen eines Grabsteins, Krähen kreisen schreiend über mir, langsam esse ich eine Mandel nach der anderen, lasse sie im Mund schmelzen, vergesse die Zeit, mich selbst.

Süchte

N nimmt mich zur Seite. Es ist ihr ernst. Du darfst ihn nicht heiraten, sagt sie. Er ist Alkoholiker. Ich lache. Das ist er nicht. Er trinkt ein bisschen viel, das ist alles. Viele Bayern trinken viel. Nein, sagt sie, er ist Alkoholiker. Ich erkenne das, ich war selbst Alkoholikerin. Ich stöhne. Jetzt fängt sie wieder an, mir von ihrer Sucht und den Anonymen Alkoholikern zu erzählen und wie sie ihr das Leben gerettet haben. Du hast nie regelmäßig getrunken, sage ich. Doch, sagt sie, hab ich. Ich war süchtig. Und ich erkenne andere Süchtige.

Als sie noch trank, besuchte sie mich einmal in München. Parkte gleich eine Flasche Wodka im Kühlschrank. Aß nur Fett und trank dazu. Die sogenannte Atkins-Diät, ein weiterer Versuch, ihren Hintern zu verkleinern. Gebratener Speck, Eier und Wodka. Ich lachte sie aus, aber sie schwor drauf und war erstaunlich willensstark. Nichts anderes rührte sie an. Sie hatte ein Tape von Jane Fonda mitgebracht, das erste Aerobic-Audiotape der Welt. Wir hüpften und keuchten im Zimmer herum, und immer wenn Jane Fonda fragte: *Do you feel the burn?*, brachen wir vor Lachen zusammen. Wann immer später etwas sehr anstrengend wurde, flüsterte N *»Do you feel the burn?«* in mein Ohr und brachte mich zum Kichern.

Wir joggten um die Häuser und waren sehr kurzatmig, weil wir beide rauchten wie die Teufel. Wir ließen das Joggen wieder bleiben und rauchten weiter. Warum rauchten wir so viel? Wir kamen uns cool vor und wollten keine spießigen Nichtraucherinnen sein.

Ohne N rauchte ich fast ein ganzes Jahr nicht, aber dann besuchte ich sie in New York, betrat ihre winzige Wohnung, und schon hatte ich wieder eine Zigarette in der Hand, ohne es selbst bemerkt zu haben. Wir quatschten und rauchten stundenlang. Ich rauchte erst Lucky Strike ohne Filter, weil sie sonst kaum eine Frau rauchte, dann Camel, später Marlboro. Mein Vater hatte Reval geraucht, und es gab kaum etwas Schöneres, wenn ich als Teenager spät von einer Party nach Hause kam, als mit meinem Vater, der auf mich gewartet hatte, ohne das je zuzugeben, noch stumm eine Reval zu rauchen. Siehst du die Toten dort im Tal, das sind die Raucher von Reval, sagte er manchmal grinsend. Montags rauchte er nie, um zu testen, ob er süchtig war.

Wer sich abhängig macht, ist charakterschwach, versuchte er mir beizubringen.

Ns Wodkaflasche im Kühlschrank leerte sich, aber ihr Hintern wurde nicht kleiner, und wir wurden trotz Jane Fonda kein bisschen fitter. Sie war unglücklich und einsam in New York. Jede ihrer Liebesgeschichten endete traurig. Immer waren es die Falschen, Männer, denen sie mit Haut und Haar verfiel und die nicht annähernd so verliebt waren wie sie. Fast jede Woche schrieb sie mir einen dünnen blauen Luftpostbrief, den man vorsichtig auf der richtigen Seite aufschlitzen musste, denn wenn man die falsche Seite erwischte, zerfiel der Brief in drei Teile, und man musste ihn zusammensetzen wie ein Puzzle. Das war aber bei diesen Briefen nicht weiter schlimm, denn sie enthielten immer das gleiche Lamento: Keiner liebt mich. Keiner will mich. Ich bin so deprimiert. *So depressed.* Auf Deutsch sagte man das noch nicht zu der Zeit. Man sprach überhaupt wenig über sich selbst. Wenn wir unglücklich und verzweifelt waren, hatten wir nicht das richtige Vokabular dafür. Man betrank sich wortlos und wartete, bis es wieder vorbei war.

Ns Briefe waren geschrieben wie im Rausch, ohne Punkt und Komma. Ich las sie manchmal gar nicht mehr zu Ende, sie waren zu traurig. Ab und an rief ich sie an. Oft konnte ich mir das nicht leisten, weil es so teuer war. Wenn ich allein in irgendeinem Filmbüro saß und warten musste, griff ich sofort zum Telefonhörer und wählte ihre Nummer in New York. In Fernsehanstalten waren Auslandsgespräche gesperrt, wie ich schnell rausfand. Wenn es klappte, erzählten wir uns atemlos von unserem Leben. Es ging fast ausschließlich um Männer und die Unmöglichkeit der Liebe. Warum war alles so kompliziert? Warum bekamen wir nicht, was wir wollten? *I miss you, I miss you,* riefen wir uns über den Atlantik zu, und in der Leitung rauschte es, und wir lauschten unseren Worten, wie sie über den Meeresgrund rasten. Wann sehen wir uns? Wann sehen wir uns? Dass ich inzwischen in meinem Beruf arbeiten konnte, machte sie neidisch, und das sagte sie auch. Wie ich dich beneide! Niemand will meine Musik hören. Niemand will mich.

Ich drehte einen ganzen Film in New York, nur um sie zu sehen. Der Film wurde schlecht, aber ich verliebte mich in meinen ersten Mann und heiratete ihn sechs Wochen später.

Unser Hochzeitsfest fand in der Spring Lounge statt, einer von allen Freunden geliebten Spelunke. Über der Bar hing ein riesiger Schwertfisch. Die Besitzerin, hieß es, habe zwei Ehemänner an die Mafia verloren, sie seien um die Ecke von der Bar erschossen worden. Es war das Milieu des Films *Mean*

Streets von Scorsese, den wir alle bewunderten. N hatte in der Spring Lounge gearbeitet wie fast alle unserer gemeinsamen Freunde. Jahre zuvor hatte ich mich mit einem Liebhaber dort geprügelt und in meiner Wut auf Deutsch auf ihn eingeschrien, was alle sehr beeindruckt hatte. So hatte N mich nie zuvor gesehen. Immer wieder redete sie davon. Und auch die Besitzerin, die inzwischen selbst eine Knarre unter der Theke hatte.

Die speckigen, rot-weiß gewürfelten Tischdecken waren aus Plastik, auf den Barhockern hingen beinharte Alkoholiker aus dem Viertel, in der Ecke stand ein Pac-Man, den niemand so gut spielen konnte wie mein Mann. Ein paar schicke Bekannte und meine Agentin waren von Uptown nach Downtown zu unserem Fest gekommen wie in ein fremdes Land. Sie trauten sich nicht, ihre Hände auf die verklebten Tischdecken zu legen, und betrachteten unsere seltsame Feier ungläubig, aber höflich. Wir tranken Bier aus der Flasche und aßen unseren Hochzeitskuchen dazu, wir tanzten in unseren neuen Cowboyboots, die wir uns in New Mexico gekauft hatten. Ich tanzte mit einem alten Penner ohne Zähne, der mir unter Tränen alles Glück der Welt wünschte. N stand an der Bar und trank nur noch Mineralwasser. Skeptisch beäugte sie den Alkoholkonsum meines Mannes. Sie mochte ihn, aber verstand ihn nicht. Er kam aus der Oberpfalz und wollte sein ganzes Leben weg aus der Enge, den Vorstellungen und Normen der anderen, dem vorgefertigten Leben. Er fühlte sich frei in diesem Amerika, freier als jeder Amerikaner. Er verstand nicht, warum so wenig über die Stränge geschlagen wurde, so wenig gefeiert und getrunken. Es gab fast niemanden unter meinen männlichen Freunden in Deutschland, der nicht jeden Tag trank. Keinen von ihnen hätte ich als Alkoholiker bezeichnet.

In New Mexico, wo wir geheiratet hatten, weil wir den Namen Albuquerque lustig fanden, gab es am Sonntag keinen Alkohol zu kaufen, und alle Kneipen waren geschlossen. Ich spürte, wie mein zukünftiger Mann nervös wurde. Wir hielten an Tankstellen und Supermärkten, aber Alkohol gab es nirgends. Ich beobachtete ihn ängstlich, aber nichts geschah. Er blieb ruhig, also beruhigte ich mich auch. Am nächsten Tag gab es überall wieder was zu trinken.

Unseren Hochzeitsabend verbrachten wir in einer Kneipe mit ein paar betrunkenen Indianern. Auch dort stand ein Pac-Man. Wir spielten Pac-Man und tranken Bier, und ich wusste nicht genau, ob ich es romantisch oder traurig fand, und entschied mich für interessant: das orange Licht über der Bar, der alte Indianer, der bewegungslos an der

Theke saß, die torkelnden Gestalten im Gegenlicht, die zerzauste alte Frau allein an einem Tisch, die Musik von Lenny Kravitz, der kaputte Holzboden unter meinen Füßen, der Wüstensand und die Kakteen vor der Tür. Es war kinematographisch, und das hieß, dass es besser aussah, als es sich anfühlte. Unsere Liebe war so unerträglich groß, dass sie schmerzte. Die Heirat sollte den Schmerz besänftigen, und tatsächlich wurde er ein wenig milder, aber er war da von Anfang an. Ich wusste damals nicht, woher der Schmerz kam und warum er so stark war. Die Angst vor Verlust, weiß ich jetzt, schmerzt mehr als eine offene Wunde.

Auch wenn du Angst hast, ihn zu verlieren, sagte N, du hast ihn! Und ich?

N ging zu den Anonymen Alkoholikern, weil sie einsam war, dachte ich. Sie lebte allein und hielt sich mit Jobs über Wasser. Ab und zu ergatterte sie einen Gig in einem kleinen Club als Sängerin. Ich bewunderte sie, wenn sie auf der Bühne stand, da war sie so selbstsicher, so lustig und sang so teuflisch gut. Aber es führte nicht weiter. Die AA-Gruppe war ihre Ersatzfamilie, gab ihr Halt und eine Aufgabe, sie wurde Sponsor von neuen Mitgliedern. Mehrmals in der Woche ging sie zu den Treffen. Neugierig bequatschte ich sie, mich doch mal mitzunehmen. Widerwillig ging sie mit mir nicht zu ihren Alkohol-, sondern zu den Sexsüchtigen, die dieselben Regeln befolgen. Sie trafen sich in einer Kirche, ausgerechnet. Fassungslos hörte ich bizarre Geschichten von ganz harmlos aussehenden Männern und Frauen. *Good stories.* N ahnte meinen Vampirismus. Ich bin süchtig nach guten Geschichten. Sie wand sich auf ihrem Stuhl wie unter Schmerzen, denn strenggenommen beging sie Verrat an den Prinzipien von AA. Mit einem Mal rief man mich auf. Ich sei doch neu. Ob ich mich nicht vorstellen und von mir erzählen wolle? Das Blut schoss mir in den Kopf, aber gehorsam stand ich auf, murmelte einen falschen, deutsch klingenden Namen, und alle sagten freundlich *hi.* Ich brauchte nur ein paar Sekunden, und schon begann ich mit extra hartem Akzent von meinem Leben als Stewardess und meiner Sucht zu erzählen. Alles setzte ich daran, glaubwürdig zu erscheinen, und fing deshalb an zu stottern, leise von Scham und Schuld zu sprechen, meiner strengen religiösen Erziehung in einem deutschen Dorf. Ich log das Blaue vom Himmel herunter. Zum ersten Mal spielte ich überzeugend eine Rolle, wie ich fand. Nicht so verklemmt und falsch wie im Studium, sondern wirklich authentisch. Befriedigt sah ich mir dabei zu, wie ich mit Mühe meine Geheimnisse preisgab, nach den richtigen Worten suchte, von Sex mit den Kapitänen vorm Boarding erzählte und mit Passagieren auf den Langstreckenflügen zwischen New York und Frankfurt. Es sei für mich schwierig, die Treffen hier mit meinem Flugplan zu koordinieren, sagte ich noch, bevor ich mich setzte, aber ich wolle gern wiederkommen, und alle riefen: *Thanks for sharing*, wie man es immer tut, doch es fühlte sich an wie Applaus. Mein Herz klopfte, ganz ergriffen war ich von meinem Auftritt. N schämte sich in Grund und Boden. Konnte sich nie verzeihen, mich mitgenommen zu haben. Und gleichzeitig lachte sie. *Holy fuck*, sagte sie, *what a damn liar you are!*

N, sagte ich, du bist nicht süchtig. Du warst es nie und bist es nicht. Du lügst, wenn du sagst, dass du süchtig bist.

Du hast keine Ahnung, sagte sie, du hast so überhaupt keine Ahnung.

Als sie unerträgliche Schmerzen bekam und ihr Tod nicht mehr abzuwenden war, scheute sie sich lange, Morphium zu nehmen, um nicht rückfällig zu werden. Ich bekniete sie, bequatschte sie, vielleicht weil ich ihre Schmerzen nicht mehr ertrug. Noch nie konnte ich die Schmerzen anderer gut ertragen. Ich sagte nicht, es spielt doch keine Rolle mehr, ob du jetzt noch abhängig wirst. Ich faselte irgendetwas von medizinischen Opiaten, die ganz anders funktionieren. Sie glaubte mir kein Wort, aber rief ein Taxi. Wir fuhren quer durch die ganze Stadt, ihr Kopf lag in meinem Schoß, im Liegen konnte sie die Schmerzen besser ertragen. Ganze Tage lagen wir nebeneinander im Bett und redeten. Ich liebe diese Tage mit dir im Bett, sagte ich. Der Taxifahrer warf uns einen kurzen Blick im Rückspiegel zu, der N kichern ließ. Sie brachte es immer noch fertig, zu kichern. Beim Arzt warteten wir auf das Rezept, und im Wartezimmer scherzte sie mit den anderen Patienten, sie hole sich jetzt Drogen auf Rezept, darauf habe sie ihr ganzes Leben gewartet. Alle lachten. Bis ganz zuletzt brachte sie mit ihrem Humor ein wenig Licht ins eigene Dunkel und das der anderen.

Schreib über Sucht. Etwas, von dem du abhängig bist und das du nicht aufgeben kannst. Etwas, das du brauchst. Unbedingt brauchst. Etwas, wovon du einfach nicht lassen kannst. Welche Sucht hast du?

Im Dunkeln

Es ist so dunkel, dass ich wirklich meine Hand nicht vor Augen sehen kann. Alles um mich herum ist schwarz, und es macht keinen Unterschied, ob ich die Augen offen oder geschlossen halte. Noch nie zuvor war ich in völliger Dunkelheit. Draußen ist der Dschungel. Als ich vor wenigen Stunden in dieses Zimmerchen einzog, sah ich im schwachen Schein einer Glühbirne ein Bett, eine Kommode, einen Stuhl und ein paar fremde Insekten, die über den Boden huschten. Eine grün gestrichene Tür ohne Schloss, was mich beunruhigte. Aber immerhin gab es Licht, und von fern summte der Generator. Pünktlich zu Sonnenuntergang wurde er jedoch abgeschaltet. Darauf war ich nicht gefasst. Als wäre ich über einen unverhofften Rand ins Leere gestolpert, versinke ich in der Dunkelheit. Halte ich meinen Arm weit ausgestreckt oder näher am Körper? Berührt mein Fuß gleich den Boden oder nicht? Kriecht bereits ein widerliches Insekt an mich heran, um mich zu beißen oder zu stechen? Ich schwimme durch Schwarz, diffuse Angst strömt aus mir heraus oder in mich herein, drinnen und draußen sind nicht mehr zu unterscheiden. Panik flackert auf, und ich frage mich, warum. Weil ich nicht mehr trennen kann zwischen mir selbst und der übrigen Welt? Ich will rauslaufen aus der Dunkelheit, aus dem Zimmer. Vorsichtig setze ich einen Fuß auf den warmen Boden, aufgeheizt von der glühenden Hitze des Tages, dann den anderen, tapse durch die Dunkelheit zur nächsten Wand, die viel weiter weg ist als angenommen. Stoße mich an der Kommode, an die ich mich gar nicht mehr erinnere. Mit den Fingerspitzen fahre ich die rissige Wand entlang bis zur Tür, sie ist grün, sehr grün, das hat sich in mein Gehirn eingebrannt, ich öffne sie, heiße Luft wie aus einem Fön bläst mir ins Gesicht. Ich schaue in ein noch viel größeres Schwarz, ein endloses Schwarz, ich lege den Kopf in den Nacken, auch über mir ist alles nur schwarz. Kein einziger Stern ist zu sehen, kein Licht weit und breit. Töne bewegen sich von allen Seiten auf mich zu, Geraschel, Gekraspel, Mückensurren, Grunzen, Vogelschreie. Ängstlich schlage ich die Tür wieder zu. Wie lange werde ich in diesem schwarzen Loch ausharren müssen? Ich kann mich nicht erinnern, mich jemals so verloren gefühlt zu haben, so ohne jede Orientierung. Wer bin ich, wenn ich nichts mehr sehe? Gibt es mich noch? Oder erinnere ich mich nur noch an mich, bin aber in diesem Schwarz schon gar nicht mehr wirklich vorhanden? Meine Gedanken befinden sich nicht mehr in meinem Kopf, sondern schlängeln sich durch die Dunkelheit, wie es ihnen gerade passt. Sie verlassen mich, und ich kann sie nicht zurückholen. Ist es so, wenn man blind ist? Wird das Nichts so sein? Irgendwo in diesem Schwarz schlägt noch mein Herz, wie losgelöst von mir, aber es schlägt, pochpochpoch. Ich harre so aus, schlafe keine Sekunde. Erst als es hell wird, kehrt mein Herz zurück in meinen Körper, in meine Brust. Wie durch ein Wunder ist alles wieder an seinem Platz. Apfelsinengelbes Sonnenlicht wird ins Zimmer geschüttet, ich sehe meine Arme, meine Beine, meine Füße, das Bett, die Kommode, und da ist die grüne, grüne Tür. Ich öffne sie und blicke auf ein paar Bäume, ein paar Hütten in der Entfernung, auf die rote Erde und fette Ameisen, die kleine Blattstückchen davontragen. Eine hat ganz allein ein riesiges Blatt geschultert. Ganz allein. Warum? Hat sie die ganze dunkle Nacht lang gearbeitet?

Schreib über Dunkelheit. Bist du gern im Dunkeln? Oder nicht? Was bedeutet Dunkelheit für dich? Und was Licht? Schreib über Lampen, an die du dich erinnerst, über die Sonne, das Licht an verschiedenen Orten, die Dunkelheit in deinem Zimmer als Kind.

Magic Soap

In München sehne ich mich so sehr nach Amerika, dass ich meine blau-weiß gestreifte Oshkosh anziehe, mir ein Bandana um den Kopf binde und zur McGraw-Kaserne fahre. Ich hoffe, ohne Überprüfung eingelassen zu werden, denn eigentlich dürfen nur Armeeangehörige auf die Basis, aber in meiner Verkleidung werde ich einfach durchgewinkt und laufe geradewegs in einen riesigen Waschsalon, wo ich lange herumsitze und die anderen Frauen beobachte, ihrem lauten amerikanischen Gezwitscher lausche, den Geruch von amerikanischem Waschmittel einatme, *Tide* und *Bleach* und *Dr. Bronner's Magic Soap*. Der vertraute Pfefferminzduft überwältigt mich, fast fange ich an zu heulen.

N empfiehlt mir diese Seife, gleich als wir im College zusammenziehen. Man kann alles mir ihr waschen, Haare, Geschirr, Wäsche, man kann sich sogar die Zähne mit ihr putzen. Sie gibt mir eine große Flasche, von da an rieche ich von Kopf bis Fuß nach Pfefferminze und lese unter der Dusche die seltsamen Texte, die auf die Flasche gedruckt sind. Eine Art religiöses Pamphlet von Dr. Emanuel Bronner, einem deutschen Juden, geflohen vor den Nazis. Seine Eltern, Seifenhersteller in Heilbronn, kann er nicht überzeugen, mit ihm zu gehen, sie zögern, bleiben zu lange und werden umgebracht. Das Letzte, was Emanuel Bronner von ihnen hört, ist eine Postkarte: Du hattest recht. Dein Dich liebender Vater.

Nach dieser Tragödie kämpft Dr. Bronner für die Versöhnung der Menschheit, aber da er seine religiösen Pamphlete nicht recht unters Volk bringen kann, druckt er sie auf die Seife, die er nach einem Rezept seines Vaters herstellt: »Absolute Sauberkeit ist göttlich! Ausgeglichene Nahrung für Körper-Geist-Seele ist unsere Medizin! Was immer die Menschheit vereint, ist besser als das, was uns trennt! Die ganze Wahrheit ist unser Gott, die halbe unser Feind! Wir sind alle eins oder nichts! *Unite, unite, all one!*« Unmöglich, den ganzen Text während einer einzigen Dusche zu lesen. Nie komme ich bis zum Ende. N wird nicht müde, die Seife als Wunder zu preisen. Sie tupft sie auf Insektenstiche, wäscht den Salat mit ihr, weil sie meint, es gäbe kein besseres Desinfizierungsmittel. Alles riecht nach Dr. Bronner's Magic Soap, wir selbst, unsere Wäsche, einfach alles. Wenn man sie nicht stark verdünnt, brennt sie auf der Haut wie Feuer, deshalb reicht sie ewig und ist allein deshalb ein Wunder. Sie wird schon damals ökologisch korrekt hergestellt, kein Hippie kommt aus ohne diese Seife. Tief atme ich ihren Geruch ein, und sofort sind sie wieder da, die langen, verkicherten und verquatschten Tage und Nächte mit N. In unserem Küchenwohnzimmer im College, später in ihrem winzigen Apartment in New York, eine von uns beiden sitzt meistens in der Badewanne mit Blick aufs World Trade Center, während die andere direkt daneben kocht. Man kann aus der Badewanne in die Töpfe langen und naschen. Oder Dr. Bronner über sich selbst und dann das Geschirr in der Spüle gießen. Es gibt kein Leben für uns ohne Dr. Bronner. Später importiere ich die Seife nach Deutschland, bringe immer eine Flasche mit zurück, ganz Amerika steckt in dieser Flasche, ich selbst und mein Leben dort – und N. Vierzig Jahre Freundschaft. Als sie nicht mehr am Leben ist, gehe ich manchmal ins Bad, nach wie vor habe ich eine Flasche Dr. Bronner's Magic Soap im Schrank, ich öffne sie und schnuppere. Und da ist N. Da ist sie ja! *Hey, how is it going?*, fragt sie. *Hang in there, okay?*

Okay. I will. I will try.

Erinnere dich an einen Geruch. Wohin bringt er dich? Schnuppere an einem Gummibärchen und schreib über Kino und Knutschen und Kindheit und die Tante, die immer Gummibärchen mitbrachte. Riech an einem bestimmten Parfüm, erinnere dich an den Menschen, der es trug, oder an eine bestimmte Situation, in der du es getragen hast. Riech an einem Feigenblatt, an Mottenkugeln, an Kaffee, Tee, Nivea-Creme, leg dich auf die Erde und drück die Nase ins Moos. Lass dich von dem Geruch hinwegtragen und schreib drüber.

Piercing

N kommt blass und dünn aus Indien zurück. Apathisch liegt sie auf meiner Matratze und rührt sich tagelang nicht. Ich schleppe sie zum Arzt, der Parasiten diagnostiziert, die sie von da an *my lovely parasites* nennt. Sie liebt sie, weil sie durch sie so abgenommen hat. Selbst mein Hintern ist geschrumpft, sagt sie stolz. Stimmt nicht, aber ich nicke.

Als ihre Parasiten bekämpft sind und sie sich zunehmend erholt, bekommt sie unbändigen Hunger. Wir essen Brot, sehr viel Brot, wir lieben beide Brot über alles. Brot mit Butter und Schnittlauch, in den USA mit *watercress*. Immer hat sie Brunnenkresse im Kühlschrank. Wir verschlingen ganze Sonnen, so heißt das Sonnenblumenbrot der Hofpfisterei, was N als »Huffister« ausspricht. *Let's go to Huffister and get another sun.*

In New York stöhnen wir über das miese amerikanische Weißbrot und gehen zu Fuß bis zur Grand Street zu Kossar's, um dort Bagels und Bialys zu kaufen. Die Bialys haben in der Mitte eine saftige

Vertiefung, die mit Zwiebeln, Knoblauch oder Mohn gefüllt ist. Nur echte New Yorker kennen Bialys und Kossar's. Bin so stolz, bin jetzt New Yorkerin. Wir wandern durch die halbe Stadt, noch warme Bialys in den Taschen, wir sitzen auf Parkbänken und schauen dem Leben der anderen zu, wir selbst wissen immer noch nicht recht, wohin unseres gehen soll. Ich will Filme machen. N fährt Brot aus für eine italienische Bäckerei gleich um die Ecke. Sie trägt blaue Overalls und fährt einen Truck quer durch Manhattan, tagsüber ist sie ein *working girl,* und abends singt sie in Kneipen Jazz, was in dieser Kombination etwas umwerfend Glamouröses für mich hat. Ich dagegen stehe während meines Filmstudiums in München bei McDonald's hinter der Theke und versuche, die bayerischen Jugendlichen zu verstehen, die versuchen, mich aus dem Takt zu bringen, um eine Extraportion Pommes frites zu ergattern.

N beneidet mich, und ich beneide sie, und lange wissen wir nichts davon. Sie ist so cool, so weltgewandt, so exotisch. Ich bewundere ihren indischen Nasenring, einen winzigen Diamanten, den sie sich in ihre zierliche Nase hat stechen lassen. Niemand sonst trägt zu der Zeit einen Nasenring. Das Wort *piercing* ist den meisten unbekannt. Ich möchte unbedingt einen Nasenring haben wie N, aber es gibt niemanden, der mir ein Loch in die Nase stechen will. Bitte, bitte, flehe ich N an. Sie weigert sich standhaft, aber nach einer Woche habe ich sie so weit, sie kann mein Gebettel nicht mehr hören. Wir kaufen eine Flasche Bommerlunder, desinfizieren damit meine Nase und trinken uns gleichzeitig Mut an. Kochen eine Nähnadel aus. Ns Finger zittern. Sie bringt es einfach nicht fertig, sosehr ich sie auch ermuntere. Erst als die Flasche leer ist und wir beide schon ziemlich betrunken sind, sticht sie endlich zu. Ich spüre, wie die Nadel auf Knorpel trifft, dann aber mit einem kleinen Quietschlaut glatt hindurchgeht. N ist einer Ohnmacht nahe. Ich lege ihr einen nassen Waschlappen auf die Stirn. Sie schenkt mir ihren Ersatznasenring, den ich mit großem Stolz trage, aber er macht ständig Probleme. Der Nasenflügel ist gerötet und tut weh. Das Hinausnehmen und Hineinschrauben gestaltet sich schwierig, und wenn ich Schnupfen habe, kann ich ihn nicht tragen, und dann droht das Loch wieder zuzuwachsen. Immer wieder verliere ich den winzigen Stecker und krieche auf Badezimmerböden herum, um ihn zu suchen. Finde ihn auch immer wieder. Ich trage ihn viele Jahre lang, aber nie sieht er an meiner Nase so gut aus wie an N. Sie hat eine elegante Nase, ich nicht. Aber er ist für mich ein Zeichen der Zusammengehörigkeit, fast wie ein Ehering. Irgendwann verliere ich ihn dann doch, vielleicht war es in der Zeit, als wir nicht mehr miteinander sprachen.

Schreib über ein Schmuckstück. Eines, das du geerbt hast, dir selbst gekauft, geschenkt bekommen hast. Hast du dich geschmückt gefühlt? Bedrängt? Ausgezeichnet?

Erinnerungen aufschreiben ist wie Perlen auf eine Kette aufziehen. Eine nach der anderen. Nichts ist verloren. Eine Kette von Momenten. Diese Kette ist die Struktur, du kannst die Perlen immer wieder anders aufziehen, eine zeitliche oder thematische Abfolge hineinbringen oder darauf vertrauen, dass es eine Schnur der inneren Wahrheit gibt, die von einer Perle zur nächsten führt.

Zu schreiben bedeutet, nicht vor der Wahrheit zu fliehen, sondern in sie zurückzufinden. Jede Erinnerung, die ich wiederfinde, verbindet sich in dem Augenblick, in dem ich sie teile, mit den Erinnerungen der anderen. Woran erinnere ich dich?

Eheringe

Ein Mann, in den ich ganz und gar nicht verliebt bin, aber den ich darüber doch zumindest ein wenig im Zweifel lasse, führt mich in ein teures Restaurant. Er redet zu viel und wirkt nervös. Gelangweilt trinke ich mein Glas Wein aus und finde am Boden einen Ring. Ich glaube tatsächlich, dass es sich um ein Versehen des Restaurants handelt, lachend winke ich den Kellner heran und erkenne erst an seiner verschwörerischen Miene meinen Fehler. Ich fühle mich überrumpelt, ich möchte den Ring nicht annehmen, auf gar keinen Fall, ich bin doch noch nicht mal ein kleines bisschen verliebt, aber der Mann will ihn auch nicht zurücknehmen. Du kannst ihn ja verkaufen, sagt er bitter. Auf dem Weg aus dem Lokal lasse ich ihn ungesehen in eine Schale Himbeeren fallen.

Als ich meinen Mann heirate, suchen wir gemeinsam in einem Schmuckladen in Gallup, New Mexico, unsere Eheringe aus. Wir können uns einfach nicht entscheiden, wir brauchen eine Bedenkpause und gehen vor die Tür, um zu rauchen. Nebenan befindet sich ein Pfandleiher, zu dem die Leute ihre Gewehre, Uhren und schweren Türkisketten tragen, um sich Alkohol leisten zu können. Oft sind es *native americans,* auf Deutsch nennen wir sie immer noch Indianer. Im Autoradio hören wir Ansagen auf Navajo, aus denen englische Wörter wie *radiation damage* und *hospital check-up* herausstechen wie scharfe Messer. Noch weiß kaum jemand außerhalb der Reservate von der schweren radioaktiven Verseuchung des Bodens durch die Atombombenexperimente von Los Alamos. Wir gehen wieder in den Laden und entscheiden uns: Unsere Eheringe sind hübsch, traditioneller Schmuck der Zuñi-Indianer, türkisblaue und korallenrote Steine auf einem schmalen Silberband, aber nach wenigen Wochen fallen die ersten Steine heraus.

Als Kind war ich Nscho-tschi, die Schwester von Winnetou. Ich besaß eine schwarze Wollperücke mit langen Zöpfen, einen bunten Federkopfschmuck, ein Kostüm mit braunem, perlenbesticktem Rock und Hemd, ein Tipi und ein Tabakbeutelchen von meinem Vater, in dem ich Birkenrinde und andere für Indianer wichtige Dinge sammelte. Barfuß schlich ich durch den Garten und machte kein einziges Geräusch. In meinen Träumen ritt ich auf Iltschi, dem Pferd von Winnetou, durch die Prärie, und manchmal auch von der Wohnung direkt in die Schule. Ich konnte das warme zuckende Pferdefell unter meinen Beinen spüren, die Zügel in meiner Hand, den Wind in den Haaren. Ich ritt an der Schule vorbei, ging gar nicht zum Unterricht, ritt weiter und immer weiter aus Hannover hinaus. Jeden Abend stieg ich auf einen Stuhl und küsste Pierre Brice, in seiner Rolle als Winnetou auf einem lebensgroßen Bravo-Starschnitt. Ich konnte mir selbst keine Bravo leisten, und um die einzelnen Teile des Starschnitts zu ergattern, musste ich den Jungen von gegenüber küssen, was mir eklig war. Als ich nicht mehr wollte, verweigerte er mir Winnetous rechten Fuß, was mir Winnetou mit seinem traurig umflorten Blick permanent vorzuwerfen schien. Ich konnte ihn von meinem Bett aus sehen, wie er sich melancholisch auf seine Silberbüchse stützte.

Mir zuliebe las mein Vater alle Winnetou-Bände noch einmal, und wir führten lange Fachgespräche über Old Wabble und Old Surehand, über Greenhorns und SamHawkenswennichmichnichtirrehihihihi. Niemand sonst hatte Zugang zu unserer gemeinsamen Welt, meine Mutter fand Winnetou albern, und meine Schwestern konnten noch nicht richtig lesen. Wie sehr ich diese Zeit allein mit meinem Vater genoss, ich schleckte sie auf wie eine

Katze die Milch. Ich sprach alle englischen Namen aus den Büchern aus, wie sie geschrieben wurden, und mein Vater aus Solidarität auch. Immer hatte ich Angst, die Zeit mit meinem Vater könnte unverhofft enden, also las ich weiter und weiter, aber er ging sogar mit mir ins Kino, in alle Winnetou-Filme. In dem dunklen Kinosaal gab es nur noch Winnetou, Iltschi, meinen Vater und mich. Und manchmal auch noch Nscho-tschi, die ich nur mäßig interessant fand, aber sie war die einzig mögliche Figur, als die sich ein Mädchen verkleiden konnte.

Ich sitze in meinem Tipi, ganz allein, keiner hat Zutritt außer mir, die Sonne fällt durch die hellbraune Zeltwand, draußen spielen meine Schwestern und kichern und gackern. Ich bin getrennt von ihnen, wie ich es doch gerne möchte, und gleichzeitig will ich Teil ihres Gegackers und ihrer guten Laune sein und weiß nicht, wie.

Mein Mann spricht nur wenig, er ist ein bayerischer Schweiger, wir sitzen im Auto in der Wüste von New Mexico, rauchen und betrachten den Sonnenuntergang. Wie viel wir zusammen rauchen und schweigen. Für mich ist Schweigen schwierig, es macht mich atemlos, immer wieder drängen sich Wörter und Sätze auf meine Zunge, die ich mühsam zurückhalten und herunterschlucken muss, sie könnten sonst alles verderben.

Er bringt seine Karl-May-Bände mit in die Ehe, die grünen mit den bunten Tiefdrucktiteln, ich erkenne sie wieder und weiß, ohne ihn zu fragen, dass er als Kind ebenso wie ich alle Namen falsch ausgesprochen hat und dass auch er nie verstanden hat, warum es immer hieß, wenn jemand gestorben war: Nehmt die Hüte ab, Mesch'schurs. Wer waren diese Mesch'schurs?

Mein Lieblingsfoto von meinem Vater zeigt ihn als kleinen Jungen mit einem Federschmuck auf dem Kopf, in Indianerhemd und mit Glasperlenkette um den Hals. Stolz grinst er von einem Ohr bis zum anderen. Bereit fürs Abenteuer.

Schreib über deinen Vater. Über die Zeit, die du mit ihm verbracht hast. Oder gern verbracht hättest. Oder das Gegenteil. Wie hat er dich beeinflusst? Wer war er für dich?

Haut

Wie stolz wir sind, wenn wir im Sommer dunkelbraun werden und der Unterschied zu unserer schneeweißen Haut unter der Badehose täglich wächst. Zeig mir deinen Unterschied, sagen wir Kinder zueinander. Ich liege auf einem Handtuch im Sand und halte mir den Arm vor die Augen, beuge ihn langsam, bis die Haut in meiner Armbeuge fast schwarz wird. Ich kann meine weiße Winterhaut nicht leiden, mag sie, wenn sie gebräunt, gesund und frisch aussieht. Im Winter versuche ich, stinkenden Selbstbräuner aufzutragen, was zu orangefarbenen Streifen auf den Beinen und Flecken auf den Handtüchern führt. Um den Mund nimmt die Haut die Farbe nicht an, und wenn man die Augenlider vergisst, sieht man aus wie ein umgedrehter Pandabär. Als Teenager sitzen wir im Winter vor einer gleißend hellen Höhensonne, die Pickel, Winterblues und Nebenhöhlenentzündungen heilen soll. Mein Gesicht brät in der künstlichen Sonne wie ein Spiegelei in der Pfanne, und wenn das Gerät sich mit einem Ping abschaltet, glüht die Haut nach, und man sieht noch lange einen orangeroten Fleck wie eine ferne Erinnerung an Sommersonne.

Gegen Pickel hilft die Höhensonne tatsächlich, aber sie wird nicht oft erlaubt, zu viel sei gefährlich, heißt es. Jeden Morgen stehe ich extra früher auf, um diesen einen Pickel zu überschminken, der auf meiner Nase blüht. Ich verfluche den Pickel, verwünsche ihn, bin überzeugt, dass die ganze Welt nur auf diesen Pickel schaut und nicht auf mich. Geduldig betupfe ich ihn jeden Morgen minutenlang wie eine Restaurateurin mit einer nach Schwefel riechenden hellbraunen Creme und bilde mir ein, dass ich ihn so kunstvoll kaschiere, dass man ihn nicht sehen kann. Eine Bekannte meiner Mutter mit sehr schlechter Haut spachtelt ihr Gesicht mit dickem rosa Make-up zu, und ich frage mich, ob ich in Wirklichkeit vielleicht ähnlich verunstaltet aussehe. Jeden Morgen bete ich, dass der Pickel verschwunden ist, aber immer wieder blüht er auf, und ich werde ihn einfach nicht los.

Wie eine weiße Made in einer Blechbüchse liege ich in Solarien, die nach Desinfektionsmittel und Schweiß stinken, Radiomusik plärrt aus einem kleinen Lautsprecher ins Ohr, während die Heizstäbe surren und zischen und ein Ventilator schlechte Luft ins Gesicht bläst. Mit geschlossenen Augen träume ich exakt zehn Minuten davon, Winterblässe und schlechte Laune einzutauschen gegen bronzene Sommerhaut und Fröhlichkeit ohne Grund. Die ganze Familie vergöttert die Sonne, ein Tag ohne Sonne ist ein verlorener Tag. Ich wachse auf mit der Sehnsucht nach Sommer und der Furcht vor endlosen grauen Tagen.

Als Kind bin ich Sarotti-Mohr. Wer ist auf die Idee gekommen? Ich kenne den Sarotti-Mohr von der Schokoladentafel. Will ich so aussehen? Wirklich? Meine Mutter näht mir eine weiße Bluse und grüne Pluderhosen aus Faschingsseide, ich trage einen riesigen Turban, in dem ein Schmuckstück mit einem rubinroten Stein steckt, ganz wie der Sarotti-Mohr, an den Ohren große goldene Ringe, mein Gesicht unter dem schneeweißen Turban ist tiefbraun geschminkt. *Blackfacing.* Keiner denkt sich etwas dabei. Ich komme mir schön und fremd vor und trage meine Verkleidung mit heiligem Ernst, kein Lächeln kommt über meine Lippen. Unter quietschenden kleinen Elfen und Bienen und Fliegenpilzen sitze ich stumm und schüchtern da und sage kein einziges Wort. Ich nehme mich selbst als Bild wahr, auf den Fotos schaue ich tiefernst, was alle erstaunt, nur mich nicht. So bin ich wirklich.

In der Zeitung lese ich, dass erst 2004 der Sarotti-Mohr umbenannt wird in »Sarotti-Magier der Sinne« und eine goldene Hautfarbe bekommt. Wenn am sechsten Januar die Sternsingerkinder und die Heiligen Drei Könige an unsere Tür klopfen, ist Caspar immer noch schwarz geschminkt. Er schnurrt sein Sprüchlein herunter: Mein Gesicht ist schwarz, mein Herz ist rein ... Es schneit, die Kinder frieren in ihren dünnen Umhängen, eilig schwenken sie den Weihrauch und malen mit Kreide C+M+B und die neue Jahreszahl an die Tür. Was denken die Flüchtlinge aus Nigeria, wenn sie ihnen begegnen? Sie wurden in einem Jugendheim auf einem Berg in der Nähe untergebracht, keiner hatte ihnen vom strengen Winter und den Bergen von Schnee erzählt. An Silvester bringen wir ihnen Sekt und schießen Raketen miteinander ab. Ich erkläre ihnen die Mülltrennung, sie lachen und stöhnen über das schneckenlangsame WLAN, das jede Unterhaltung mit ihren Familien so mühsam macht. Wird es immer so weiterschneien?, fragen sie mich. Wird irgendwann wieder die Sonne scheinen?

Schreib über deine Haut. Über Pickel. Deine Hautfarbe. Deinen Rassimus.

China

N liebt Chinatown. Wir gehen in Restaurants, in denen wir die Speisekarte nicht verstehen und die Kellner uns nicht. N ist neugierig auf alles Fremde, sie bringt mir bei, alles auszuprobieren, zu fragen, weiterzufragen, komplizierten Antworten geduldig zuzuhören. Manchmal nervt mich ihre ungeheure Neugier. Immer will sie es ganz genau wissen. Wie kocht man Congee? Was gibt es für lokale Unterschiede? Wer kocht zu Hause bei Ihnen Congee? Welches Congee ist Ihr Lieblingscongee? Wann haben Sie Ihr erstes Congee gegessen? Ach, Sie mögen selbst gar kein Congee? Was frühstücken Sie? O ja, *english muffins* mag ich auch, aber nur die aus Sauerteig. Welche Marmelade ist Ihre Lieblingsmarmelade? Und immer so weiter.

Vierzig Jahre lang essen wir Congee in Chinatown. Das letzte Congee in einem neuen Restaurant, das sie entdeckt hat, wo uns wieder niemand versteht. N hat Magenschmerzen, will nichts Scharfes oder Gewürztes essen, kein Fleisch. Congee erscheint ihr wie die ideale Diät. Sie bestellt Congee mit Ingwer und Lauch, aber die Kellnerin weist das barsch zurück, das gäbe es hier nicht. Nur mit Ente.

Ich habe es hier aber schon so gegessen. Bitte.

Nein, gibt es hier nicht.

Doch, ganz bestimmt.

Nein.

Dann geben Sie mir bitte Congee mit Ente und Ingwer und Lauch und lassen die Ente weg. Okay?

Kostet aber dasselbe, sagt die Kellnerin und zieht von dannen. N grinst.

Ich kenne diese Art der Bestellung von ihr, lange bevor ich die berühmte Szene von Jack Nicholson in dem Film *Five Easy Pieces* sah.

Als folgsame Deutsche habe ich nicht den Mut, so zu bestellen, Extrawünsche zu haben, aus der Reihe zu tanzen. Ich esse, was auf den Tisch kommt, und ich esse immer alles auf.

N bekommt ihr Congee ohne Fleisch. Sie berichtet, sie habe seit einigen Monaten schon Magenschmerzen. Ich rate ihr zu einer Porridge-Kur. Vielleicht noch besser als Congee. Sie habe Stress, sagte sie, Stress an der Uni, Stress mit ihrem Mann, Stress mit dem Älterwerden. Ich bekomme Falten an den Ohren, sagt sie, und plötzlich hängen sogar meine Knie. Wir lachen. Machen Pläne, wie wir als alte Damen wieder zusammenziehen wie ganz am

Anfang. Es gibt bald eine freie Wohnung in ihrem Apartmenthaus, erwähnt sie, man könne doch vielleicht überlegen, sie jetzt schon für unseren Altersplan anzumieten. Mein Mann ist mehr als zehn Jahre älter als ich, sagt sie, ich kann nicht so tun, als gäbe es keine logische Entwicklung der Dinge. Die logische Entwicklung der Dinge. Daran denke ich später oft.

Wir könnten dann zusammen um die Welt reisen, das wollten wir doch immer, sagt sie. Wir werden lustige ältere Damen sein mit vernünftigen Schuhen.

Ja, ja, sage ich und bringe ihr das Wort Wolkenkuckucksheim bei.

Immer noch sagt sie gern »mein lieber Schwan«, das habe ich ihr vor fast vierzig Jahren beigebracht.

Wir gehen noch einmal die Canal Street entlang. Der Pearl Palace macht dicht. Hier haben wir chinesische Plastikkleider erstanden, Plastikspielzeug, Bambuskörbchen zum Wantan-Dämpfen, Chopsticks, grünen Tee und Tiger Balm. N hat meinem Kind kitschige goldene Sandalen aus dem Pearl Palace geschickt und später kleine feuerrote Seidenschlafanzüge. Nirgendwo sonst gab es damals diese wunderbaren Dinge außerhalb von China. Jetzt macht der Pearl Palace zu, und es gibt darin nichts mehr zu entdecken, was es nicht überall auf der Welt gibt. Zum Abschied kaufen wir noch irgendeinen Schnickschnack, der in den Falten unseres Alltags sofort auf Nimmerwiedersehen verschwindet.

Nach unserem kleinen Einkaufsbummel ist N seltsam erschöpft, sie, die doch immer so viel Energie hat. Wir legen uns in die bunten Plastikbälle im Kindermuseum, dort, wo sie vor langer Zeit beschlossen hatte, den Kontakt zu mir abzubrechen. Kichernd schwappen wir in dem Meer der bunten Bälle umher, zwei lustige ältere Damen. Nur die vernünftigen Schuhe fehlen noch.

Je länger man ohne Pause schreibt, umso mehr tauchen Erinnerungen auf, die einen beschäftigen, nicht mehr loslassen. Menschen sind mit einem Mal wieder da, man spricht sogar mit ihnen. Unweigerlich wird man beim Schreiben zum Medium. Mit manchen Erinnerungen will man nichts zu tun haben. Manchmal ist Vergessen die bessere Möglichkeit. Oder doch nicht? Es gibt eine Art von Kummer, die nicht geheilt werden kann, aber die mich antreibt und gleichzeitig verwirrt. Zu vergessen würde bedeuten, die Geschichten verebben zu lassen und damit unseren Hintergrund auszutrocknen. Manchmal sind die Geschichten zu traumatisch, dann ist es besser, sie verhungern zu lassen. Das muss jeder selbst entscheiden.

Schreiben ist wie mit der Vergangenheit zu telefonieren und sie in die Gegenwart zu holen. Schreib deshalb möglichst nicht in der Vergangenheits-, sondern in der Gegenwartsform. Alles wird gegenwärtig. Ist wieder da. Jetzt.

Telefon

Wir dürfen als Teenager kaum telefonieren. Die Leitung darf nicht zu lange besetzt sein. Hebammen rufen an, Frauen mit Beschwerden, Blutungen, Notfälle. Die Leitung muss unter allen Umständen frei bleiben.

In Amerika kann ich nicht telefonieren, weil es zu teuer ist. Einmal ruft meine Mutter im College an. Ich stehe im Flur, den Hörer am Ohr, und spreche leise eine andere Sprache. Ich habe das Gefühl, dass die anderen Studentinnen mich im Vorbeigehen seltsam anschauen.

Geht es dir gut?

Ja, geht schon.

Ich bin einsilbig und schäme mich später dafür.

Die amerikanischen Telefone klingeln anders als die deutschen, sehr viel melodischer, sie haben lange Strippen, mit denen man weit herumlaufen kann. Es gibt sogar in der Küche Telefone, und mit der langen Strippe kann man am Herd stehen, zum Kühlschrank gehen, zum Geschirrschrank und gleichzeitig telefonieren. Als ich später mit Familie in Virginia in einem weißen Holzhaus wohne und telefonierend in der Küche herumwandere, komme ich mir so lässig amerikanisch vor, so beweglich, modern. Ich sehe mir selbst dabei zu, und mein Bild entspricht den Bildern, die ich aus amerikanischen Filmen kenne.

In Deutschland sitze ich mit dem Telefon festgenagelt auf dem Sofa und kann mich nicht von der Stelle rühren. Ein kleiner mexikanischer Spiegel hängt neben dem Sofa, und ich sehe mir zu, wenn ich mit N telefoniere. Sie an ihrer langen amerikanischen Strippe, und ich an meiner kurzen deutschen. Wir telefonieren viel miteinander, seit es in den USA *flat rates* gibt.

Um N zu sehen und wieder in New York zu sein, akzeptiere ich einen Filmauftrag, den ich mir sonst nicht ausgesucht hätte. Bin ich verrückt? Während der Dreharbeiten wohne ich monatelang in einem Hotel in Midtown, weit weg von Soho, aber jeden Tag ruft N an. Sie beklagt sich, dass ich zu wenig Zeit für sie habe. Ich werde schneller, und sie langsamer. Ich arbeite und bin erfolgreich, sie hat kaum Arbeit, kämpft um Auftritte in kleinen Clubs. Ich wohne im Hotel und sie immer noch in ihrem schäbigen Apartment. Ich werde ungeduldig mit ihr. Zweimal in der Woche geht sie jetzt zu einer Therapeutin. Und zu ihrer AA-Gruppe. Und zum

Yoga. Aber das Unglück bleibt. Lässt sich nicht vertreiben.

Jeden Morgen ruft sie mich an. Ich trinke kannenweise Nescafé, bis ich zittere, rauche viele Zigaretten, während wir telefonieren, die Beine auf dem Tisch, was ich in Deutschland nie tun würde. Ich klinge anders, bin anders. Wann sehen wir uns?, fragt sie, und ich mache Ausflüchte, habe keine Zeit. Ich drehe einen Film. Aber das ist nicht der Grund. Ich bin verliebt, ich habe keinen Platz für sie.

In demselben Hotelzimmer liege ich ein paar Jahre später windpockenkrank, und keiner will mich aus Angst vor Ansteckung besuchen, nur noch mit mir telefonieren. Mein Gesicht ist so zugeschwollen, dass ich mich selbst kaum im Spiegel erkenne. Das Zimmermädchen läuft schreiend vor mir davon. Aber N kommt und lacht und nennt mich *lovely monster*. Sie legt sich neben mich ins Bett und erzählt mir Geschichten von all ihren Freundinnen. Sie ist die treueste Freundin, die man sich vorstellen kann.

Wir telefonieren quer über den Erdball. Von überall rufe ich sie an. Später sprechen wir oft am Handy, während sie gerade auf dem Fahrrad durch New York fährt. Ich höre amerikanische Polizeisirenen, Hupen, Stimmen, Verkehr, das Rauschen der großen Stadt, die ich so vermisse.

Fast jeden Tag ruft sie mich an, als es nur noch schlechte Nachrichten gibt. Es geht meinem Mann schlecht. Es geht ihm schlechter. Und noch schlechter. Sie erträgt die schlechten Nachrichten. *Oh, Doris,* sagt sie. *I am so so sorry. Don't be scared.*

Als mein Mann gestorben ist, ich das tiefste Tal der Trauer durchwandert habe und es mir gerade wieder ein wenig besser ging, bricht sie den Kontakt ab.

Zwei Jahre lang sprechen wir kein Wort miteinander, und ich verstehe nicht, warum. Ich leide. Wüte. Tobe. Verfluche sie. Vermisse sie. Trauere um sie. Ich telefoniere mit ihr nur noch im Traum. Schreibe ihr Briefe, auf die sie nicht antwortet. Höre nicht auf, von ihr zu träumen.

Ich stehe in München im Supermarkt in der Schlange an der Kasse. Jemand schreit: Ein Flugzeug ist ins World Trade Center geflogen! Ich renne nach Hause. Sehe die Bilder im Fernsehen und gehe wie eine Schlafwandlerin zum Telefon. Rufe sie an, die Nummer immer noch auswendig im Kopf. Sie geht sofort dran. *Are you okay?*, frage ich. *Yes,* sagt sie, *I'm okay.* Und wir sprechen miteinander, als sei nichts gewesen.

Ich frage nicht, warum sie zwei Jahre lang nicht mit mir gesprochen hat. Ich fürchte mich, sie könnte es wieder tun.

Wir telefonieren wieder jede Woche. Jetzt gibt es Skype. Wir vergleichen unsere älter werdenden Gesichter, unsere Brillen. Wir klemmen das Kinn auf die Brust und zählen unsere Doppel-, Dreifach-, Vierfachkinne. Sie möchte mich so gern besuchen. Sie reist so gern, aber ihr Mann nicht. Ich vermisse das Reisen, seufzt sie, wie sehr ich das vermisse.

Das letzte Mal telefoniere ich mit ihr hoch auf einem Berg in der Schweiz, auf der Rigi, einem weiblichen Berg. Dort gibt es ein Hotel, einen verwunschenen Ort, an den man nur durch ein Tor aus Stein, ein Felsentor, gelangt. Es gibt bloß einen kleinen Bereich mit Telefonsignal. Ich warte lange, bis ich ihre Stimme höre. Sie ist zu schwach, das Telefon selbst zu halten. Ich höre sie atmen. Unter mir liegt wie ein tiefblaues Auge der Vierwaldstättersee. Die Luft schimmert. Die Blätter zittern. *I am so scared,* sagt sie. *Don't be scared.* Hab keine Angst, sage ich und habe Angst.

Schreib über dein Telefon. Übers Telefonieren. Mit wem telefonierst du? Wann? Wie? Telefonierst du gern? Oder nicht? Wie bist du am Telefon?

Stockton

Es gibt einen Film von John Huston, der in Stockton, Kalifornien, spielt. Der Titel dieses Films von 1972 ist *Fat City*. Er handelt von einem Boxer, der am Ende ist und durch eine von Armut verwüstete Stadt torkelt. Ich kenne diesen Film und halte ihn für Fiktion. Ich weiß noch nicht, dass Stockton die Stadt mit der höchsten Kriminalitätsrate von ganz Amerika ist. Hierher komme ich direkt aus Hannover, weil in dieser Stadt meine Uni liegt. Als ich aus dem Greyhound-Bus aussteige, ist es brütend heiß. Zusammen mit ein paar abgerissenen Gestalten, die anscheinend nirgendwo hinmüssen, stehe ich auf einem riesigen, leeren Parkplatz ohne Schatten weit und breit. Sie beäugen mich. Nicht feindselig, nur neugierig. Ein weißes Mädchen mit einem großen Koffer in der Hand und der Persiflage eines Afros auf dem Kopf. Auf meinen Afro bin ich sehr stolz, ich weiß nicht genau, wer mich mehr dazu inspiriert hat, Angela Davies oder die Werbung von Bluna. Mein dünnes norddeutsches

Maushaar hat die Tortur einer Dauerwelle nur knapp überlebt. Diese Dauerwelle wird mich sehr bald komplett ruinieren, ich werde einen Nebenjob annehmen müssen, nur um sie zu erhalten. Hilflos stehe ich eine Weile herum, mit meinem großen braunen Koffer aus Lederimitat, und glaube im Ernst, ich könne bis zur Uni laufen. Ich weiß gar nicht genau, wo sie überhaupt liegt, die *University of the Pacific,* mit Sicherheit nicht am Pazifik, der ist weit weg. Schließlich nehme ich ein Taxi und zähle ängstlich meine Dollar. Die Taxifahrt zur Uni beschreibt die Struktur amerikanischer Städte besser als jedes Proseminar. Durch fast vollkommen verarmte schwarze Viertel geht es, dann durch Latino-Viertel und ein schäbiges Chinatown in die Innenstadt, genau zwei Straßen, in denen sich das Rathaus befindet, ein paar billige Geschäfte und Kettenrestaurants, die Bank of America. Wie stolz ich später auf mein Bank-of-America-Scheckheft in den Farben des Sonnenuntergangs bin, kein Vergleich zu den öden deutschen Schecks. Niemand ist auf der Straße, als sei es Sonntag. Habe ich mich im Datum geirrt? Ich fahre weiter durch Straßen mit kleinen Vorgärten, die langsam größer und sauberer werden, genau wie die Autos und die Garagen. Pools glitzern neben den Auffahrten, Bäume säumen die Straßen. Bis plötzlich der Campus vor mir liegt mit altertümlichen Gebäuden in einem sorgfältig angelegten Park wie in England.

Ich setze mich neben meinen Koffer auf den Rasen. Das Gras ist hart und fremd. Überall liegen Studenten herum, sie tragen wehende, weite Gewänder und Hemden, ich komme mir blöd vor in meinen hautengen Jeans, die ich mit der Nähmaschine abgenäht habe. *Hi,* sagen wildfremde Menschen lächelnd zu mir.

Die nächsten Wochen bewege ich mich wie durch einen Traum, in dem ich ständig versuche, die Bedeutung dcr aufscheinenden Sätze und Bilder zu dekodieren, während sie sich unaufhörlich verändern und Verbindungen knüpfen, die völlig unbegreiflich sind. Ich haste ihnen hinterher und verstehe nicht. Auch mich selbst nicht mehr, denn nichts an mir stimmt mehr. Ich sehe falsch aus, kann nicht richtig sprechen, weil mein Englisch zu schlecht und zu langsam ist, ich verstehe immer nur die Hälfte, kann noch nicht einmal richtig grüßen. Die Frage *How are you?* beantworte ich gewissenhaft und ehrlich: Heute nicht so gut, gestern ging es mir besser. Heute bin ich mit Kopfschmerzen aufgewacht und zu spät zum Frühstück gekommen. Man amüsiert sich über mich. Ich komme mir dumm und nackt vor, schwanke zwischen Panik und Begeisterung. Nie weiß ich, was als Nächstes geschehen wird, und deshalb weiß ich auch nicht, wie ich reagieren werde und wer ich in der nächsten Minute sein werde. Alles ist in Bewegung, und wenn ich stehen bleibe, wirft es mich um. Dieses Gefühl prägt sich mir tief ein. Es macht mich ängstlich und tapfer zugleich, schüchtern und draufgängerisch, introvertiert und exhibitionistisch. Also eigentlich bis auf die Knochen amerikanisch.

Schreib über eine Reise, einen Ort. Jede Reise ist eine Transformation. Der Ort verändert sich, aber auch man selbst und der eigene Blick. Er wird schärfer, genauer, fast wie unter Schock. Alle Sinne sind auf Empfang geschaltet. Soll man flüchten oder standhalten? Angst oder Verzückung? Auf jeden Fall Neugier.

Den schärferen Blick kann man auch auf die nächste Umgebung anwenden. Schreiben, als wäre man auf Reisen. Eine Übung: sich irgendwo hinsetzen und einfach notieren. Herrlich. Nicht nachdenken, nicht ausdenken, sich an nichts erinnern, nur mitschreiben. Zehn Minuten lang.

Am Eisbach

Drei Jungs liegen auf dem Bauch im Gras, ein Bier in der Hand, alle drei tragen dunkle Brillen, in denen sie sich gegenseitig spiegeln. Drei vielleicht vierzehnjährige Mädchen treiben in regenbogenfarbenen Einhornschwimmreifen auf dem Eisbach vorbei, sie kreischen, und die drei Spiegelbrillen wenden langsam die Köpfe. Ein Vater hält im Wasser sein kleines Kind an der einen Hand, mit der anderen telefoniert er. Hochgekrempelte gute Hosen und ein weißes Oberhemd. Neben ihm stehen ältere Damen in schlottrigen Badeanzügen im Wasser und kühlen sich die Beine. Eine Gruppe junger Spanier schleppt Bierkästen vorbei. Eine Eisverkäuferin in einem blauen Dirndl sitzt im Schatten hinter ihrem Eismobil und schaut mürrisch. Ein weißer Spitz kläfft sie an. Auf dem Rasen übt eine Capoeiragruppe mit seltsamen bogenförmigen Instrumenten komplizierte Bewegungen. Drei ältere afrikanische Herren in Anzügen schlendern vorbei, alle tragen Herrenhandtaschen. Ein Vater wirft immer wieder ein Frisbee ins Wasser und springt ihm hinterher, am Ufer ruft sein Kind aufgeregt, es hat Angst, dass der Vater das Frisbee nicht mehr erwischt, aber er schafft es jedes Mal. Zwei Frauen lassen kichernd ein zu schlapp aufgeblasenes Schlauchboot ins Wasser. Ein wenig weiter warten ihre Freunde, sie haben das Bier im Bach geparkt. Die Frauen steigen ins wacklige Boot und gehen fast unter. Ein junges Paar vermietet grüne Sonnenstühle mit dem Aufdruck »Sonnendiebe«. Die drei Einhornmädchen schleppen ihre Schwimmreifen zurück zur Einstiegsstelle. Vorsichtig setzen sie einen Fuß vor den anderen über die spitzen Kieselsteine. Eine Ente schwimmt rasend schnell vorbei, verfolgt von zwei Erpeln. Eine arabische Familie auf Fahrrädern fährt schwankend in Zickzacklinien, sie halten vor der Eisverkäuferin, hantieren mit Eis, Geld und Fahrradlenkern und kommen dabei gefährlich ins Wanken. Eine Waffel fällt zu Boden, ein zottiger weißer Hund kommt angerannt und schleckt das Eis auf. Ein nacktes Baby kriecht durchs Gras und wird von seiner Mutter wieder eingefangen. Ein schwarzer Hund kommt aus dem Wasser und schüttelt sich. Die Mutter des Babys beschwert sich bei der Hundebesitzerin, die so tut, als verstünde sie kein Wort. Ein Inder steht auf der Wiese, schreit laut in sein Handy und bewegt sich nicht vom Fleck. Dem

Tonfall nach scheint er in einen komplizierten Streit verwickelt zu sein. Die drei Einhornmädchen lassen ihre Schwimmreifen abermals ins Wasser, die Jungs mit den Spiegelbrillen wenden sich ihnen synchron zu und wieder ab. In einer Sonnenliege der Sonnendiebe liegt ein Mann in Badehose mit silbernem MacBook auf dem Schoß. Der Inder schreit weiter in sein Telefon. Ein Mann in Bermudas, an der Leine einen Dackel, sagt zu seiner Freundin: Ich werde einfach keine Steuern mehr zahlen.

Schreiben ohne Ehrgeiz, ohne Ziel. Nur notieren und sich so des eigenen Lebens vergewissern. Mehr ist es oft nicht. Durch das Schreiben fühlt man sich wieder in der Welt zu Hause. Man nimmt Kontakt mit ihr auf, fliegt nicht melancholisch davon, sondern sitzt mit dem Hintern im Rasen unter allen anderen. Mit oder ohne Einhornschwimmreifen.

Die zweite Übung: flanieren und notieren. Von einem Ort zum anderen wandern, anhalten, zehn Minuten schreiben, weitergehen. Ich bezeichne mich als Flaneuse. Nicht Fritteuse, sondern Flaneuse. Das war immer eine Männerbeschäftigung: die Welt durchstreifen, sie betrachten und über sie berichten, während die Frauen zu Hause die Unterhosen der Flaneure wuschen, Socken stopften und auf sie warteten. Aber nicht alles muss man um-

drehen. Ich stopfe meine Socken selbst. Stimmt gar nicht. Ich stopfe nur Mottenlöcher in meinem Lieblingspullover.

Wenn das Wetter zu schlecht ist, um draußen zu flanieren, flaniere durch deine Wohnung. Schreib über jeden Gegenstand, der dir begegnet.

Zu Hause

Eine weiße Winkekatze aus Japan, solarbetrieben. Ich war besessen von diesen Katzen, als sie sonst noch keiner in Deutschland hatte. Hab sie in großer Stückzahl mit zurückgebracht und verschenkt. Die Katze steht bei mir im Fenster und lockt andere Katzen an. Skeptisch betrachten sie sie mit schiefgelegtem Kopf. Was sehen sie?

Eine Solarlampe auf dem Fensterbrett. Bei dem Film *Grüße aus Fukushima* haben wir unseren Drehort mit Solarstrom beleuchtet, und lange, lange leuchtete in dieser kleinen Lampe noch die Sonne von Fukushima nach.

Am Fenster klebt ein Zettel: *nichi nichi kore koujitsu*. Darunter die englische Übersetzung eines japanischen Freundes: *Whatever come happen, I will carry out my steady life*. Was? Wie? Was soll das heißen? Es gibt eine andere Übersetzung für diesen Satz: Jeder Tag ist ein guter Tag. Nein, nein, nein, will ich schreien. Nicht jeder Tag! Ganz und gar nicht! Es gibt hundsmiserable Tage. Doch, doch,

doch, sagt der Satz zurück, jeder Tag, guter Tag – das ist ja gerade der Witz daran.

Auf dem Sofa ein Schlafsack, warm bis minus 15 Grad Außentemperatur. So kalt wird es zum Glück nie in meinem Zimmer, aber ich liebe diesen Schlafsack und fühle mich in ihm wie auf einer Expedition. Ein Kissen aus Guatemala. Der alte Ofen. Oben auf der Ofenplatte liegen runde, große Steine, die ich vor J ahren in Hamburg bei einer Wochenendausbildung zur »Hot-Stone-Therapeutin« erworben und in den Süden geschleppt habe. Warum habe ich das gemacht? Aus purer Neugier. Nicht wegen der Ausbildung, sondern wegen der Teilnehmer. Das Seminar fand in einem Einfamilienhaus in einem Vorort statt. Der Vampir in mir bekam reichlich Material. Schriftsteller sind Diebe und Vampire. Ein paar Freunde kamen später in den Genuss meiner Ausbildung. Jetzt liegen die Steine auf dem Ofen, und wenn es sehr kalt ist, nehme ich einen Stein mit ins Bett. Eine Stehlampe von Ikea. Auf dem Tisch steht eine Vase mit einer Magnolie, die nicht aufblüht. Gerade bin ich zu der Magnolie meiner Kindheit gepilgert. Sie steht in einem Vorgarten, an dem mich mein Schulweg vorbeiführte. Damals ein kleines Bäumchen, jetzt ein riesiger Baum in überwältigender Blüte. Schon als Kind war ich von der Schönheit der Magnolie hingerissen. Gleich daneben begann der Hundeweg, so benannt, weil alle Hunde der Nachbarschaft dort ihr Geschäft verrichteten. Einmal, schon fast zu spät für die Schule, rannte ich den Weg entlang, rutschte aus und fiel der Länge nach in die Hundescheiße. Die Schönheit und die Scheiße, manchmal so nah beieinander. Ein anderes Mal ging ich mit Klassenkameraden durch den Hundeweg in die Schule, und ich kann den Punkt noch genau benennen, an dem ein Kind mich fragte: Wo ist eigentlich dein Schulranzen? Ich war der festen Überzeugung, er sei auf meinem Rücken, aber da war nichts. Vergessen. Ich erinnere mich an das Erschrecken, die Scham, das Staunen darüber, dass etwas, das ich doch auf meinem Rücken fühlte, gar nicht da war.

Vor dem Fenster steht ein Glas mit Vogelfutter. Ein kleines Fernglas, ein Vogelbestimmungsbuch. Man ist alt, wenn man anfängt, sich für Vögel zu interessieren. Aber dann war ich schon vor zwanzig Jahren alt. Eine Hängematte. Mein Glück ist eine Hängematte. Nichts Schöneres, als in die Baumwipfel zu schauen und leicht hin und her zu schwingen. Ich kenne den idealen Hängemattenabstand von fast allen Bäumen im Englischen Garten. Unter dem Sofa eine Yogamatte und Yogablöcke. Ein riesiger chinesischer Pinsel, über einen Meter lang. Ich habe ihn in Peking gekauft, dort beobachtete ich alte

Männer, die in einer Art Schönschreibwettbewerb mit riesigen Pinseln Schriftzeichen auf die Straße pinselten, mit Wasser. Eine Weile lernte ich eifrig chinesische Schriftzeichen. Schrieb sie mit Wasser ein einziges Mal auf die Straße vors Haus, gab es wieder auf. So viele Pläne, die ich aufgegeben habe.

Jeder Gegenstand hat das Potential, dich in eine Geschichte zu tragen. Geh in die Küche. Setz dich an den Küchentisch. Schreib über Brot.

Ich erinnere mich an Gersterbrot. An den Kampf um den Knust. Vier Kinder und ein Knust. Heimlich gehe ich nachts in die Küche und nage den Knust vom frischen Brot. Kann nicht aufhören. So knusprig, so lecker ist der Knust. Ich knabbere die ganze Rinde ab. Morgens ist das Brot nackt. Wie kann man nur so unsozial sein?, wird mir vorgeworfen. Ich kann es mir selbst nicht erklären, aber kann es einfach nicht lassen.

Schreib über Milch.

Ich erinnere mich an die Haut auf der Milch, vor der uns graust. Meine Großmutter behauptet, sie sei wunderbare Sahne, und schmiert sie uns aufs Brot. Ich erinnere mich an die weiße Milchkanne, mit der ich zum Lebensmittelladen geschickt werde, an die Milch, die in einem großen Strahl in die Kanne schießt, das Spiel auf dem Heimweg, die Kanne so schnell wie möglich im Kreis herumzuschwenken, ohne dass Milch herausfließt. Geht oft schief.

Ich erinnere mich an mein Leben auf dem Land, an die Kühe gegenüber, an den Milchwagen, der morgens um fünf kommt, und wie ich mich wohlig in meinem Bett wieder umdrehe, froh, keine Bäuerin zu sein.

Tomaten, Gurken, Butter. Bier, Schokolade, Suppe, Nudeln, Reis. Erinnere dich, erinnere dich … Alles beschreibt dich, deine Zeit, deine Generation, deine Welt.

Die Dauerwelle

Sie ist so verliebt. Er ist der schönste von allen Männern dieser Welt, mit seinen dichten dunklen Haaren und dem Vollbart, seinen samtschwarzen Augen. Er sieht aus wie Che Guevaras schöner Bruder, aber mit linker Politik hat er nichts am Hut, er schreibt Gedichte und kann *Howl* von Allen Ginsberg fast komplett auswendig. Er ist blass und nicht tiefgebräunt wie die anderen, er kann nicht surfen, fährt nicht an den Strand, er ist mager und zeigt seinen Körper nicht gern. Er liebt den Regen, der hier nie fällt. Wie ein Fremdkörper sieht er aus auf dem Campus, sie hat ihn von Weitem entdeckt, ist ihm sachte immer näher gekommen, bis sie sich eines Abends ganz dicht zu seinen Füßen auf den Boden setzt. Sie hat einen Plan. Sie lauschen mit anderen den Grateful Dead, die ihr unbekannt waren, was alle sehr komisch finden. Auf welchem Planet lebt sie denn? In Hannover mit zwei n. Sie kennen nur Hanover mit einem n in New Hampshire, von dem wiederum sie noch nie gehört hat. Er schaut sie nicht an, sitzt ganz ruhig da. Sie lässt ihre Hand auf das Stuhlbein zu kriechen, hält sich dann so lässig und unabsichtlich, wie es geht, am Stuhlbein fest. Den ganzen Abend lang. Sie gibt die Hoffnung nicht auf. Und irgendwann, nach Stunden, wie ihr scheint, lässt er seinen Arm herunterhängen, berührt ganz leicht ihre Hand. So leicht, dass sie nicht ganz sicher ist, ob er sie wirklich berührt hat. Aber doch, es muss wahr gewesen sein, denn ein paar Tage später möchte er neben ihr sitzen auf dem Rücksitz eines VW Käfers. Sein Knie berührt das ihre. Wahrscheinlich nur, weil es so eng ist auf dem Rücksitz. Oder doch nicht? Sie fahren zum Strand, obwohl er den Strand nicht mag. Stinson Beach.

Im Käfer fühlt sie sich zu Hause. Ihre Eltern hatten einen Käfer. Als Kind sah sie einen riesigen ausgestopften Wal auf dem Marktplatz von Hannover, er lag auf einem LKW-Anhänger. Es gab einen hellblauen Begleitzettel, auf dem stand, dass das Herz eines Wals so viel wiegt wie ein VW Käfer. Auf dem Rücksitz des Käfers versuchte sie es sich immer wieder vorzustellen, ein Herz so groß wie ein ganzes Auto. Sie saß im Herzen des Wals, und ihr eigenes, so viel kleineres Herz pochte vor Aufregung, weil es schier unvorstellbar schien. Ihr Gehirn hatte keine Kapazität für so ein großes Herz, es passte einfach nicht hinein.

Hat sie ihm in Kalifornien davon erzählt? Wahrscheinlich nicht. Sie sprechen nicht viel, weil sie beide schüchtern sind. Am Strand scheint keine Sonne, es ist neblig und kühl, alle sind enttäuscht, nur die beiden nicht, sie sind glücklich, sie mögen den Regen. Zumindest behauptet sie das jetzt, in Hannover hat sie den ewigen Regen gehasst. Sie werden ein Liebespaar, er ist sehr romantisch, das kennt sie nicht, sie muss darüber lachen. Er streicht über ihre dünnen, so mühsam gekringelten Mausehaare und sagt, *I love your curls.* Ich liebe deine Locken. Von da an rennt sie alle sechs Wochen zum Friseur und lässt sich die Dauerwelle neu machen, was sehr teuer ist. Das kann sie sich gar nicht leisten, also muss sie einen Job finden, obwohl sie in den USA offiziell nicht arbeiten darf. Nur ein Job auf dem Campus ist möglich, also arbeitet sie als Filmvorführerin und zeigt unverständliche europäische Filme wie *Letztes Jahr in Marienbad* und klare amerikanische wie *Zorro*.

Die ersten Tage mit der frischen Dauerwelle schiebt sie Entschuldigungen vor, warum sie ihn nicht sehen kann. Sie hat Angst, er könne entdecken, dass ihre Locken falsche Locken sind. Dass sie eine Lügnerin ist. Sie geht in Dauerwellenquarantäne und fragt sich, warum sie ihm nicht die Wahrheit sagen kann. Seine Liebe zu verlieren, ist das Schlimmste, was sie sich ausmalen kann. Es ist die größte Liebe ihres Lebens, sagt sie sich ständig, obwohl sie doch noch gar keinen Vergleich hat. Irgendwann nimmt die Liebe ein jähes Ende, und sie lässt die Dauerwelle rauswachsen. Das sieht hässlich und traurig aus und passt zum grausamen Liebeskummer. Ihr Vater schickt sie in den Wald. Die Natur heilt, sagt der Arzt. Allein stolpert sie durch den Frühlingswald, legt sich ins Moos, schaut in den Himmel. Es stimmt ein bisschen. Sie wird sich daran erinnern, viele Jahre später.

Als sie verheiratet ist und ein Kind hat, fährt sie noch einmal an den Stinson Beach. Immer noch ein schöner Strand, und dieses Mal scheint die Sonne. Sie kann sich nicht an sich selbst von früher erinnern, als wäre die Person von damals verblasst. Ihre kleine Tochter hat ein kleines gelbes Plastikpony mit langer Mähne dabei, das sie hingebungsvoll mit einer Minibürste bürstet. Eine Möwe kommt, schnappt das Pony aus der Hand der Tochter und fliegt davon. Sie hält es wohl für etwas Essbares, ein Stück Käse vielleicht. Die gelbe Mähne des Ponys flattert im Schnabel der Möwe im Wind. Das Kind heult, und ihre Mutter lacht. Sie lacht so sehr, dass sie sich im Sand wälzt. Das Kind verzeiht ihr das nie. Während sie noch lacht, erinnert sie sich, dass sie, als sie so jung und so verliebt war, eigentlich nie laut gelacht hat. Alles war immer so tragisch. So schwer.

Schreib über deine Haare. Deine verschiedenen Frisuren.

Schreib über einen Ort, den du zwei Mal besucht hast.

Wie ist es, in der dritten Person zu schreiben? Fällt es dir leichter? Schwerer? Wer ist diese dritte Person? Ist es noch die Wahrheit oder bereits Fiktion? Und ist das überhaupt wichtig? Die Wahrheit berichten zu wollen über diese eine Person, die wir glauben zu sein, ist immer Fiktion. Wir sind viele. Immer andere, und dann überraschend auch ab und zu wieder dieselben.

Der Wiwi

Ich bin Mutter. In meinen Träumen bin ich es nicht, da bin ich weiterhin allein und cool in der Welt unterwegs und rauche Kette. Wenn ich aufwache, bin ich Mutter und Nichtraucherin, und so müde, so furchtbar müde. Mein Kind schläft besser als andere, aber es wacht früh auf, und das habe ich schon immer gehasst. Ich mag es nicht, wenn alle anderen noch schlafen, da fühle ich mich allein und verloren. Nur wir zwei sind am frühen Morgen auf der Welt, mein Kind und ich. Die Sonne fällt durch die dunkelroten Vorhänge, die ich aus Futterseide genäht habe, damit die Farbe besonders intensiv ist. Wenn ich auf die roten Vorhänge schaue und danach auf die weiße Wand, färbt sich die Wand grün. Ich habe den Stoff nur deshalb so ausgesucht. Mein Mann ist Fotograf und Kameramann, von ihm habe ich gelernt, was Licht und Farbtemperatur bedeuten. Er trägt bei der Arbeit ein rundes Dunkelglas um den Hals, um die Wolken zu beobachten und abschätzen zu können, wann die Sonne wieder zum Vorschein kommt. Sein Hemd trägt er aufgeknöpft, das Dunkelglas liegt auf seiner glatten braunen Brust. Um den Lichteinfall zu prüfen, hält er die Faust ins Licht und dreht sie leicht hin und her. Ich kann nicht genug bekommen von dieser Bewegung. Er bringt mir bei, das Licht zu sehen. Wir gehen in die Alte Pinakothek, wo er immer wieder die Lichtsetzung auf den Gemälden der alten Meister studiert, ihre absichtlichen oder unabsichtlichen Fehler.

In New Mexico sitzen wir stunden- und tagelang in der Wüste auf den Felsen und betrachten das Licht. Ich würde gern ein bisschen quatschen und traue mich nicht. Wir rauchen und schweigen. Er fotografiert das Licht. Blitzschnell wie einen Revolver holt er seine Kamera hervor und macht ein einziges Foto, wenn das Licht perfekt ist.

Er leidet, wenn das Licht schlecht ist.

Ihm fällt nichts ein, wenn das Licht schlecht ist.

Er wird melancholisch, wenn das Licht schlecht ist.

Das Licht ist schlecht, wenn es mau ist. Matschig. Dann fühlt nicht nur er sich mau und matschig, sondern ich mich auch. Ich weiß nicht, wie ich ihn aufheitern kann. Er versinkt vor meinen Augen in einem schwarzen Loch, das Licht geht aus. Davor hatte er mich gewarnt: Bei mir geht manchmal das Licht aus, sagt er. Das macht mir nichts aus, erwidere ich ganz schnell, um keine Angst zu bekommen. Vor ihm zeige ich ich keine Angst. Nie.

Wir wohnen im Chateau Marmont in Los Angeles und trauen uns nicht aus dem Hotel, jederzeit könnte Columbia Pictures anrufen und mich zu einem Treffen herbeipfeifen. Wir beobachten das Licht und den Schatten auf der Wand. Wir essen Reuben Sandwiches, mit Corned Beef, Sauerkraut und Käse. Er fotografiert unsere abgegessenen Teller in der Küche, den Vorhang, der im Wind weht, eine halbe Ananas, das Badezimmer, die Palmen vor unserem Fenster, den glitzernden Swimmingpool. Dort sitzen haufenweise Regisseure und Drehbuchautoren mit dicken Drehbüchern auf dem Schoß, alle lauern wie wir darauf, dass das schneeweiße Telefon an der Wand klingelt. Und es klingelt oft, alarmiert schauen dann alle auf, einer springt betont locker herbei und nimmt ab, ruft dann meist enttäuscht einen Namen in die Runde, woraufhin der Glückliche sich betont langsam erhebt und zum Telefon schlendert, fast widerstrebend den Hörer entgegennimmt, als habe er es nun wirklich nicht nötig, und alle anderen wieder so tun, als warteten sie auf gar keinen Fall auf den einen erlösenden Anruf. Ich nenne es das Telefonballett. Wir warten und warten. Das Licht ist phantastisch, aber wir sind unglücklich, Gefangene in Hollywood, wir dürfen nicht so, wie wir wollen. Wir waren doch Punk und Rock ’n’ Roll, und hier sind wir Angestellte. Wir sind fehl am Platz, zu arm, zu europäisch, zu widerspenstig, zu schlecht gelaunt. Er schweigt, und ich versuche, mich nicht für ihn zu entschuldigen. Keine Silbe Smalltalk geht über seine Lippen. Er hasst den Kommerz und liebt das Licht. Ich spüre, dass wir uns in Hollywood zerstreiten würden. Er mag es nicht, wenn man so tut als ob, und hier muss man permanent so tun, als wäre man gutgelaunt, voller Energie, erfolgreich und strahlend positiv.

Wir fühlen uns mies und mau und klein.

Wir beschließen, nach Deutschland zurückzukehren.

Wir bekommen ein Kind und staunen, wie zum Platzen glücklich es uns macht.

Ich sitze mit unserem Kind im Bett. Es entdeckt einen Lichtfleck auf der Wand und versucht, ihn zu fangen. Der Lichtfleck bewegt sich, wenn ich mich bewege, er stammt von meiner Uhr, das Glas wirft einen Reflex. Das Kind kreischt vor Vergnügen, wir taufen den Reflex Wiwi. Es kann nicht genug davon bekommen, den Wiwi zu fangen, und erkennt den Zusammenhang zwischen meiner Uhr und dem Lichtfleck nie. An grauen Tagen kommt der Wiwi nicht, und die Enttäuschung ist groß. Aber morgen, morgen vielleicht. Jeden Morgen die Frage: Kommt heute der Wiwi? Überglücklich wird er begrüßt wie ein verschollen geglaubtes Familienmitglied. Wenn er zittrig innehält auf der Wand, wird er gestreichelt und geküsst. Mich rührt die Zärtlichkeit meines Kindes für den Wiwi, seine helle Begeisterung, wenn er über die Wände hüpft. Wir sind zu dritt, der Wiwi, mein Kind und ich an diesen langen Morgen. Mein Mann schläft noch nebenan. Das ist beruhigend und anders gar nicht vorstellbar. Man nennt das, glaube ich, idyllisch. Die Morgensonne, ein fröhliches Kind, eine müde Mutter, ein zufrieden schlafender Mann. Mein Kind und ich verlieren uns im Spiel mit dem Wiwi. Es sind Momente größten Glücks, dieses Jauchzen, dieses wahrhaftige Existieren in diesem Augenblick und keinem anderen.

Der Wiwi reist, und wir reisen mit. In die USA, nach Spanien, in die Berge, ans Meer. Aber oft ist es schwierig, den Wiwi hervorzulocken. Der Einfallswinkel des Lichts stimmt nicht, die Sonne scheint nicht, die Wände sind zu dunkel, der Wiwi mag nicht. Irgendwann gerät er in Vergessenheit. Bis er zu Hause, wieder in unseren eigenen vier Wänden, plötzlich über die Wand huscht. Unverhofft hat das Sonnenlicht meine Uhr erwischt. Ungläubiges Staunen. Da, da, da, ruft das Kind fast ehrfürchtig. Etwas verschwindet und taucht wieder auf. Nichts geht verloren. Ich hoffe, dass es das denkt.

Schreib über eine Begegnung mit einem Kind, ein Spiel. Erinnere dich, wie du selbst gespielt hast, hochkonzentriert und selbstvergessen. Dieser Zustand ist eine Beschreibung von Glück. Es gibt ihn auch beim Schreiben, wenn man nicht zu viel nachdenkt, sich nicht selbst über die Schulter schaut und kritisiert. Dazu gehört eine Portion Mut. Wie zum Spielen auch – kannst du dich erinnern, wie es sich angefühlt hat, wenn man die Regeln nicht verstand oder die anderen die Regeln einfach geändert haben? Wenn sie die tolle Sandburg, die man gebaut hatte, nicht toll gefunden haben? Da half auch immer nur: weiterspielen. Also weiterschreiben. Sich immer von neuem hineinstürzen in die Welt der eigenen Erinnerungen und Phantasie, wie Alice in das schwarze Loch, das ins Wunderland führt.

Der Moment

Immer wieder kehrt sie zurück zu diesem Moment, dem Moment davor und dem danach. Davor steht sie auf dem Marktplatz der kleinen Stadt. Es gibt die ersten Erdbeeren, wie angemalt leuchten sie rot auf den Marktständen zwischen Salat und Mohrrüben. Sie sitzt mit dem Kind auf einer Bank in der Sonne, sie essen Erdbeeren. Das Kind ist vergnügt. Sie ist vergnügt. Und dann. Das, wovor sie sich ihr Leben lang am meisten gefürchtet hat, tritt ein. Oder tritt auf wie der rabenschwarze Bösewicht auf der heiteren Bühne. Als habe er nur darauf gelauert und Anlauf genommen, um sie in einem sonnenbeschienenen Augenblick anzuspringen, seine Krallen in ihr Fleisch zu schlagen, sie zu beuteln und zu zerfetzen. Aber noch ahnt sie nichts. Sie isst Erdbeeren mit ihrem Kind.

Gestern sind sie alle drei baden gewesen an einem verwunschenen See mit gelben Seerosen. Er trägt eine schwarz-weiß gestreifte Badehose, er hat einen schönen glatten Körper, einen Jungenkörper. Er ist noch jung, gerade noch jung, aber er hat Angst, dass er mit seinen grauen Haaren für den Großvater des Kindes gehalten wird. So ein Quatsch. Sie lacht ihn aus. Sie ist jünger als er, noch richtig jung, aber seit der Geburt des Kindes fühlt sie sich weder jung noch alt. Sie bekommt sich nicht zurück, so wie sie war, aber sie weiß auch nicht mehr, wer sie gern wäre. Sie ist erfolgreicher als er, verdient mehr Geld, sie ernährt die Familie, aber tut so, als sei das nicht wahr, weil sie weiß, dass er das nicht gut verkraftet. Versagensängste quälen ihn, deshalb arbeitet sie fast heimlich, ganz schnell. Keiner soll darunter leiden, dass sie arbeitet, weder das Kind noch er.

Sie sitzt neben dem Kind im Gras, er springt von einem Steg ins Wasser, macht einen Bauchklatscher, sie lacht. Sieht ihm beim Schwimmen zu. Er schwimmt weit hinaus. Wenn sie schwimmt, weint das Kind am Ufer bitterlich, und nichts kann es trösten. Es ist überzeugt, dass sie niemals zurückkehren wird. Deshalb schwimmt sie nicht. Sie winkt ihrem Mann zu, aber er winkt nicht zurück, er lacht auch nicht, das weiß sie noch, als er aus dem Wasser kommt. Er beschwert sich über Bauchschmerzen. Das war der Bauchklatscher, sagt sie. Das Kind und sie kichern.

Am Abend sind die Bauchschmerzen immer noch nicht vergangen. Jetzt nennt er es Sodbrennen.

Das hatte sie während der Schwangerschaft. Sie gibt ihm Nüsse zu knabbern. Er jammert weiter. Meine Güte. Wegen eines bevorstehenden Feiertags und langen Wochenendes rät sie, gleich morgen zum Arzt zu gehen und sich ein Medikament gegen Sodbrennen zu holen, denn sonst hat er womöglich vier Tage hintereinander Sodbrennen und schlechte Laune. Wenn er schlechte Laune hat, zieht er sich zurück wie eine Schildkröte in ihren Panzer. Davor fürchtet sie sich.

Sie sitzt immer noch auf der Bank mit der Erdbeertüte in der Hand, als sie ihn von weitem sieht. Er geht anders. Er sieht anders aus. Sie weiß es, bevor sie es von ihm erfährt.

Fußballgroß, habe der Arzt gesagt.

Sie versucht, sich einen Fußball in seinem Bauch vorzustellen. Den müsste sie doch bemerkt haben. Warum hat sie nichts bemerkt?

Wann fing es an? Er wirkte schon seit einiger Zeit niedergeschlagen, die Arbeit lief nicht so, wie er wollte, er sollte Filme drehen, die er nicht mochte, also drehte er sie nicht und war dann unglücklich, dass er sie nicht drehte. Er wollte sich nicht verkaufen und litt unter den Verkäuferseelen der anderen. Er wurde unruhig und unleidlich. Sie schlug Ferien vor, richtige Ferien, so wie andere sie machen. Wegfahren in sein geliebtes Amerika, dorthin, wo

Hemingway gelebt hatte, wo Filme gedreht worden waren mit Humphrey Bogart und Lauren Bacall, in ein mythisches Amerika, nach Key West! Ja, wir fahren nach Key West! Ein Ort aus dem Kino. Sie finden eine bezahlbare Wohnung, sogar mit Pool, von Miami fahren sie mit dem Auto hinunter. In Miami ist gerade ein deutsches Ehepaar in einem Leihwagen umgebracht worden, das in ein falsches Viertel geraten war, aber sie haben keine Angst, denn das ist ihre Verabredung miteinander: keine Angst zu haben. Vor nichts und niemand. Sie hat dennoch Angst, aber sagt es nicht. Ihr werden Nerven wie Drahtseile nachgesagt, die sie nie hatte, aber sie kann gut so tun, als hätte sie keine Angst.

Sie fahren durch dampfige Sümpfe und über endlose Highways, es ist heiß, das Kind hat eine Meerjungfrauenbarbie mit blauglitzerndem Fischschwanz im Arm und singt Meerjungfrauenlieder aus einem Disney-Film. Sie zerbricht sich den Kopf, warum er so anders wirkt. Sie kann nicht sagen, was es ist. Irgendetwas stimmt nicht. Er wirkt gedämpft. Sein Lächeln bemüht. Er ist oft müde. Sie beschäftigt sich mit dem Kind. Spielt Meerjungfrau im Pool, bis beiden langweilig wird. Er sieht ihnen von der Sonnenliege aus zu. Er schwimmt nicht, liest nicht, möchte nur schlafen. Sie langweilt sich und geht mit dem Kind zu Hausbesichtigungen in teure Häuser, gibt vor, sie sei an einem Hauskauf interessiert. Erfindet Geschichten für die Makler, andere Biographien, andere Leben. Wir möchten uns verändern, sagt sie immer wieder. Dieser Satz kommt gut an in Amerika. Alles ist Veränderung. Ah, ja, nicken die Makler und Maklerinnen freundlich, und dann sagt sie den Satz: Das Haus gefällt mir gut, aber das muss ich mit meinem Mann besprechen. Und wieder nicken die Makler verständnisvoll.

Vielleicht könnten sie wirklich hier leben? Am Meer. In der Sonne. Immer wieder diese Vorstellung, dass in der Sonne alles besser ist. Sie trägt ein buntes Kleid, einen türkisfarbenen Baumwollmantel, eine große Sonnenbrille, Turban. Sie sieht nicht aus wie zu Hause, beinahe schon so, als würde sie bereits hier leben.

Wenn sie zurück in die Ferienwohnung kommen, ist er manchmal wieder fast wie früher. Zärtlich, freundlich, lustig mit ihr und dem Kind. Aber auch etwas schwammig, nicht so klar für sie zu erkennen, als wäre er leicht unscharf. Vielleicht liegt es an ihr. Sie weiß nicht, wo und wie sie leben möchte. Ständig träumt sie von anderen Orten. Von was genau? Sie kann es nicht sagen. Ein anderes Leben halt. Aber wie soll das aussehen? Sie weiß es doch auch nicht, sie möchte einfach die Grenzen auflösen, spielen, Dinge in Bewegung bringen. Dass alles wieder möglich ist.

Er sitzt ganz ruhig da und hört ihr zu. Das Kind spielt am Pool. Das Wasser im Pool türkisblau, der Himmel hellblau, ihre Fußnägel dunkelblau lackiert. Sie lacht zu laut und zu viel. Sie möchte ihn so gern aufheitern, alles leichter und unbeschwerter machen. Woher kommt das Gewicht, das mit einem Mal auf ihnen lastet? Wenn sie ihn fragt, sagt er regelmäßig, es sei alles in Ordnung, aber er weicht ihrem Blick aus, wie immer, wenn er unglücklich ist. Ist sie schuld? Ist das Problem jetzt doch, dass sie erfolgreicher ist als er, mehr Geld verdient? Darüber sprechen sie nie.

Sie sieht nicht, wie das Kind in den Pool fällt, sieht ihn nur plötzlich über sich in der Luft, er fliegt über sie hinweg ins Wasser, zieht das Kind mit einem Griff raus. Das Kind klammert sich an ihn, hängt an seinem Hals, lacht, es hat gar nicht begriffen, dass es hätte ertrinken können. Sie erschrickt bis ins Mark. Das hätte der Moment sein können, der alles verändert. Aber er ist es nicht. Noch nicht. Noch sind sie doch glücklich. Eigentlich.

Schreib über einen »und dann«-Moment. Wer warst du vor diesem Augenblick und wer danach? Wie genau kannst du dich an das Davor und Danach erinnern? Im Schockzustand werden alle fünf Sinne aktiviert, jedes einzelne Bild, jeder Ton wird abgespeichert und lässt sich immer wieder abrufen.

Wir erleben alle irgendwann einen Schock. Nichts ist mehr wie vorher.

Katastrophe. Wir verlieren den Boden unter den Füßen.

Über Katastrophen zu schreiben macht die Katastrophe nicht kleiner, im besten Fall beginnen wir, sie zu besitzen und nicht sie uns.

Schreiben als Schockzustand: Um die fünf Sinne in der Erinnerung wiederzubeleben, ist es hilfreich, sich auf sie zu konzentrieren und auf abstrakte Ausführungen zu verzichten. Uns von unseren Sinnen leiten zu lassen, nicht von klugen Gedanken. Vergleiche die Sätze: »Es roch nach Sommer« und »Es roch nach frischgemähtem Gras«: Der Sommer ist allgemein, das frischgemähte Gras spezifisch. Unsere Welt besteht aus Details, die wir zu Bildern und Empfindungen zusammenfügen. Das Detail ist göttlich, hat Vladimir Nabokov gesagt. »Caress the detail, the divine detail« – Streichle das göttliche Detail, kitzele es heraus. Im Detail liegt unser ganzes Leben verborgen, in der Beschwörung des Details große Kraft.

Immer wieder über dasselbe schreiben mit immer neuen Details. Boden unter die Füße bekommen.

Noch einmal über den Boden unter meinen Kinderfüßen schreiben. Immer wieder. Immer anders.

Geh noch einmal über den Boden deines Zuhauses als Kind. Beschreib noch einmal den Boden, deine Füße, die Räume, in die sie dich tragen.

Meine Füße

Es ist dunkel, nur das Licht der Autoscheinwerfer huscht über die Zimmerdecke. Meine Eltern schlafen in ihrem Ausziehbett, tagsüber verdeckt von einem hellgrünen Vorhang, hinter dem ich Verstecken spiele. Vorsichtig tappe ich über den hellbraunen Parkettboden, ich kann nicht schnell gehen mit den seltsamen Schuhen an meinen nackten Füßen, kleinen Brettchen mit Holzstegen zwischen den Zehen, die diese nachts in eine gerade Position rücken sollen. Meine Füße sind nicht schön, sie gehören nicht zu mir, die Brettchen klappern über das Parkett. Ich kann nicht schlafen. Alle schlafen, nur ich nicht, es ist unheimlich, so still, ich erkenne die Wohnung nicht wieder, in der tagsüber so viel los ist. Rechts die Küche, links das Wohnzimmer und Schlafzimmer der Eltern. Mein Nachthemd ist blau-weiß gemustert, es schlottert mir um die Beine, behindert meine Schritte. Im Kinderzimmer liegt ein grüner Teppichboden. An einem unbeaufsichtigten Vormittag bestreichen die Schwestern ihn sorgfältig und gründlich mit Nivea aus einer Kilo-Dose. Sie verwandeln das grüne Gras in eine Schneelandschaft. Die Dose stammt aus dem Krankenhaus. Manchmal sehe ich Blutstropfen auf den weißen Schuhen meines Vaters. Er trägt weiße Hosen mit einer scharfen Bügelfalte und einen weißen Kittel. Er hat pechschwarze Haare, und selbst als Kind verstehe ich, dass er wahnsinnig gut aussieht.

Ich habe neue Lederschuhe und betrachte sie bei jedem Schritt. Wir haben sie in einem Laden gekauft, in dem es den Lurchi gibt, einen schwarz-gelben Plastiksalamander. In dem Laden kann man seine Füße in einen Wunderkasten halten und von oben hineinschauen. Es ist ein sogenanntes Fluoroskop, ein Röntgenapparat, mit dem man Kinderfüße in ihren Schuhen durchleuchtet, um zu sehen, ob die Schuhe drücken. Ich kann nicht genug davon bekommen, die Knochen in meinen Füßen zu sehen. In mir ist noch ganz jemand anders, ein Knochenmensch. Am liebsten würde ich jeden Körperteil unter die Leuchtschiene halten. Ich starre auf meine grün leuchtenden Füße wie in einem Aquarium. Sie gehören nicht zu mir, oder doch? Der Apparat zeigt meine krummen Zehen, die es geradezurichten gilt. Nachts liege ich im Bett und versuche, mir meine schneeweißen Knochen vorzustellen, das Blut, das um sie herumfließt, rosenrot. Diese Vorstellung regt mich so auf, dass ich aufstehen muss, klackklack-klack tappe ich mit meinen orthopädischen Sandalen über das Parkett, bleibe stehen und höre der Stille zu, die mich umgibt und alle anderen, aber sie hören sie nicht, denn sie schlafen.

Wohin haben dich deine Füße dieses Mal getragen? Woran erinnerst du dich dieses Mal? Steigen ganz andere Erinnerungen auf? Ich habe schon ewig nicht mehr an das Fluoroskop gedacht. Wer erinnert sich noch? Beim Schreiben wird man auch von sich selbst überrascht. Erinnerungen tauchen auf, von denen man nicht wusste, dass man sie überhaupt besitzt.

Ich erinnere mich

Ich erinnere mich, ich erinnere mich, ich erinnere mich, ich erinnere mich. Woran erinnere ich mich wirklich? Ist es meine eigene Erinnerung, oder stammt sie aus Erzählungen von anderen? Von Fotos? Aufgeschnapptem? Von immer wieder erzählten Geschichten, die sich zunehmend in Fiktion verwandelt haben? Inzwischen kann man Mäusen die Erinnerung anderer Mäuse ins Gehirn pflanzen. Aber so funktioniere ich schon lange. Ich erinnere mich ganz genau, das magische »Tischlein-deck-dich« in Neuschwanstein gesehen zu haben. Ich stehe dort, mein Kind auf dem Arm, das schon ganz schön schwer ist, die Führung ist lang, ich kann kaum noch stehen, aber da kommt das Tischlein dank ausgeklügelter Mechanik aus der Küche nach oben gefahren, mitten in den goldgeschmückten Saal, für drei gedeckt, feinstes Porzellan mit Goldrand. König Ludwig aß immer allein, erzählt der Führer, doch er ließ für mindestens drei Personen decken, um sich seine Gäste dann nach Belieben vorzustellen. Ich sehe den König allein und einsam in dem großen, kalten Saal sitzen, eine gebratene Gänsekeule mit Blaukraut und Knödel kommt direkt aus der Küche emporgefahren, aber er hat gar keinen rechten Appetit, der Kini, außerdem sind seine Zähne schwarz verfault, und er kann nicht beißen. Ich schwöre, ich war da, in diesem Saal, und habe das »Tischlein-deck-dich« gesehen.

Mehr als fünfundzwanzig Jahre später wandere ich wieder durch Neuschwanstein, früh am Morgen, die Büste von König Ludwig wird noch mit einem Staubwedel abgestaubt, ich gehe durch die einzelnen Räume, Schlafzimmer, Schwanenzimmer, Wohnzimmer, Thronsaal – wann kommt das Esszimmer mit dem magischen Tischlein? Es kommt nie, denn es steht gar nicht hier, sondern in Schloss Linderhof. Dort war ich aber nie. Wie kann es sein, dass ich mich so genau erinnere? Wer hat mir so plastisch davon erzählt, dass ich mich erinnere, als wäre ich wirklich dort gewesen?

Ich erinnere mich an den ersten dunklen Winter auf dem Land. Wir waren für das Kind aufs Land gezogen, unter einem Apfelbaum sollte es in seinem Kinderwagen liegen. Es gibt ein Schwarzweißfoto, auf dem ich selbst als Säugling in einer Wiege unter einem blühenden Apfelbaum liege, aber meine Eltern lebten nie auf dem Land. Ich wollte dieses Bild anscheinend reinszenieren, warum nur, wenn ich mich selbst doch gar nicht daran erinnere, jemals unter einem blühenden Apfelbaum gelegen zu haben? Wir finden ein altes Bauernhaus, nehmen einen Kredit auf im Vertrauen auf eine sichere Zukunft. Ein großer Sprung für uns, aus Wohngemeinschaften gleich in ein eigenes Haus zu ziehen. Wir wandern durch die schiefen Räume und wundern uns über unseren Mut. Wir staunen über den eigenen Garten, den prallen Sommer, die Hitze auf dem Land, die sich so anders anfühlt als in der Stadt. Hochschwanger fahre ich jeden Tag in meinem roten R4 auf eine Anhöhe, blicke auf die Berggipfel, die ich nicht mit Namen kenne, spiele ganz, ganz laut die Talking Heads auf dem Kassettenrekorder im Auto und singe aus vollem Hals mit: *Mommy had. A little baby. There he is. Fast asleep. He is just. A little plaything. Why not. Wake him up?* Ich kann mir ein Leben mit Kind noch nicht vorstellen, es ist wie ein ungedrehter Film, den ich hundertmal im Kopf drehe. Wie wird unser Kind sein? Wie werde ich sein als Mutter? Wie werden wir als Familie sein?

Der Herbst kommt und das Kind. Wir sind überwältigt. Hin- und hergerissen zwischen Begeisterung und Erschöpfung. Ich genieße das mir so fremde Landleben. Sehe der Lärche zu, deren

Nadeln sich gelb färben, dem Vogelbeerenbaum, der Schlehe. Der kleine Apfelbaum in unserem Garten produziert genau zwölf Äpfel. Mein Mann hat sich zwei Monate freigenommen, dann muss er wieder in die weite Welt hinaus, das Kind und ich blieben da, auf dem Land. Es wird immer später im Jahr und immer dunkler. Und einsamer. Und stiller. Unter der Beschilderung der Bundesstraße nahe bei unserem Dorf steht »Romantische Straße«, und darunter die Übersetzung auf Japanisch. Ich folge diesem Schild, weil ich Japan liebe, wo ich bisher nur einmal gewesen bin, aber unbedingt irgendwann wieder hinmöchte. In Japan bin ich mir selbst nicht mehr fremd gewesen, vielleicht weil sonst alles so fremd war. Ich war allein und fühlte mich aufgehoben.

Das Schild führt nach Neuschwanstein. Dort ist im tiefsten Winter Leben. Heerscharen von meist japanischen Touristen stapfen den Berg hinauf zum Schloss, zwängen sich in überfüllte Andenkenläden, sitzen andächtig vor Schweinshaxn und Leberkäs in Restaurants, die die Speisekarten auch auf Japanisch führen. Mit meinem Kind auf dem Schoß setze ich mich mitten unter sie und stelle mir vor, ich wäre in Tokio. Ich laufe über riesige Straßenkreuzungen, reihe mich ein in den nicht endenden Strom, schwimme mit den Menschen mit, ein glückliches Fischchen ohne Ziel, ohne Pflicht, ohne Aufgabe.

Immer, wenn mir zu Hause die Decke auf den Kopf zu fallen droht, fahre ich von nun an nach Japan / Neuschwanstein. Und einmal mache ich dann endlich eine Führung durchs Schloss mit und sehe das magische Tischlein. Ich höre die tiefe Stimme des Erzählers meiner Märchenplatten wieder, der mir an heißen Sommernachmittagen im abgedunkelten Zimmer von Hans im Glück, Frau Holle und Alibaba und den vierzig Räubern erzählte. Ich liege auf dem grünen Teppich, über mir schweben Bücherregale an weißen Metallhalterungen, meine Mutter hat die Vorhänge zugezogen, um die Hitze abzuhalten, nur das grüne Auge des Radioapparats samt Plattenspieler leuchtet, der Erzähler fängt an zu sprechen, und mit seinem ersten Satz segele ich in eine Welt, die bunter und aufregender ist als alles, was ich kenne, und gleichzeitig so verlässlich. Sie verändert sich nie. Immer wieder singt das verlogene Zicklein: »Wovon sollt' ich satt sein? Ich sprang nur über Gräbelein und fand kein einzig Blättelein!« Die verwöhnten Söhne rufen abwechselnd »Bricklebrit«, »Knüppel aus dem Sack!« und »Tischlein deck dich!«, jeden Tag wieder, in genau derselben Tonlage, mit denselben Wörtern und demselben Ausgang. Es ist wie Valium, das ich begierig schlucke, in einer Welt, die für mich aus den Fugen geraten ist, denn ich habe zwei Schwestern auf einen Schlag bekommen, die die Kraft und Aufmerksamkeit meiner Mutter beanspruchen.

Die Japaner machen Ah und Oh, als das Tischlein herauffährt, und dann schuffeln sie bereits schnell weiter in den nächsten Raum, ihr Bus wartet. Ich sitze mit meinem Kind am See, vor uns das gelbe Schloss der Königinmutter, hinter mir das grauweiße Schloss des Sohns. In diesen See wird mein Mann nur vier Jahre später springen, mit einem Bauchklatscher aufs Wasser prallen und Bauchschmerzen bekommen. Er wird zum Arzt gehen, und nichts wird mehr sein wie zuvor. Aber jetzt winke ich den Japanern in ihrem Bus zu, und sie winken zurück, ich trage mein Kind wieder zum roten kleinen Auto, wir hören Tom Petty, ich gröle mit: *Coming down is the hardest thing*, und mein kleines Kind, das noch nicht sprechen kann, lacht. All das ist wahr, und dennoch habe ich wohl nie das Tischlein gesehen.

Erinnere dich an die Zauberformel »Ich erinnere mich an«. Folge ihr und versuche nicht zu kontrollieren, wohin sie dich führt. Folge ihr in das Labyrinth deiner Erinnerungen, auch wenn diese Erinnerungen vielleicht gar nicht deine eigenen sind. Offenkundig sind sie irgendwo in deinem Gedächtnis verborgen, eine Wahrheitsgarantie gibt es nicht. Haben wir es selbst erlebt oder es uns nur vorgestellt? Wir weben uns unsere Geschichte zusammen, unsere Story, die uns ausmacht. Dieser Story auf den Grund zu gehen ist Zweck und Ziel des Schreibens über sich selbst. Vielleicht hat meine Story keinerlei Wahrheitsgehalt, ich habe nur immer an sie geglaubt. Oder sie ist nicht mehr wahr, sie gilt nur noch für eine historische Person, aber nicht mehr für mich heute. Diese Story kann ich auch fallenlassen, ich kann mich von ihr lösen, sie umschreiben. Ich bin nun mal so. Nein, bin ich nicht. Aber ich erzähle es mir seit Jahren. Ich bin nämlich eigentlich ganz anders, aber ich komme nur so selten dazu. (Ödön von Horváth)

Ich erinnere mich nicht

Vollgepumpt mit Adrenalin komme ich von der Bühne nach einer Diskussion über meine Filme. Der Saal ist voll, es gibt Applaus, ich freue mich, dass ich es geschafft habe, ein amerikanisches Publikum zum Lachen zu bringen. *Let me entertain you.* Das habe ich hier gelernt. Ich springe die drei Stufen hinab, werde umringt von Leuten, die sich nicht getraut haben, öffentlich ihre Fragen zu stellen. Ich bin erschöpft, aber gebe mich freundlich, bin hungrig und durstig und wünsche mich mit jeder Faser in die nächste Kneipe, aber brav beantworte ich alle Fragen, sage immer wieder: *Thank you for coming* – da kommt ein schlanker, großer Mann in meinem Alter, um die vierzig, auf mich zu, hinter ihm steht eine Frau in einem Sommerkleid, sie scheint zu ihm zu gehören. Er fixiert mich, lächelt nicht, sagt nicht *hello* oder *hi,* sondern fragt mich, ob ich mich an ihn erinnere. Nein, sage ich freundlich, helfen Sie mir. *You don't remember me?,* fragt er, und ich denke nach, aber schüttele den Kopf.

Ich habe keine Ahnung, wer er ist. Er wiederholt seine Frage mehrmals, dann sagt er: *But you must remember me*. Ich bitte ihn, mir seinen Namen zu sagen. *You know my name,* sagt er. Aber nein, sage ich, ich weiß Ihren Namen leider nicht. *You don't remember my name?* Ich schüttele den Kopf, entschuldige mich, möchte weitergehen, aber er versperrt mir den Weg. Fragt wieder, ob ich mich nicht an ihn erinnere. Ich werde ungeduldig, möchte ihn loswerden, er wirkt zunehmend feindselig. Geben Sie mir einen Hinweis, sage ich, einen Ort, wo wir uns kennengelernt haben. Stockton, sagt er. Ja, da bin ich aufs College gegangen. Waren wir im selben Jahr? Haben wir Kurse zusammen besucht? Er starrt mich an, sagt langsam und betont, ich hätte ihm sehr intime Dinge erzählt damals, daran müsse ich mich doch erinnern. Sind Sie sicher, dass Sie mich meinen?, frage ich und bin jetzt doch ein wenig beunruhigt. Du hast eine Oshkosh-Latzhose getragen, die hattest du von oben bis unten bestickt, darunter schwarze Unterwäsche. Die Frau an seiner Seite schaut auf ihre Füße, die Leute, die noch herumstehen, wenden sich neugierig uns zu, *black underwear,* das klingt interessant. Mir schießt das Blut in den Kopf. Wer zum Teufel ist dieser Mann? Ich durchkrame mein Hirn wie eine zugemüllte Schublade, aber finde darin keinen jungen Mann von vor zwanzig Jahren, der diesem hier auch nur entfernt ähneln würde. Die Frau im Sommerkleid zupft an seiner Jacke. Ich sehe tiefe Traurigkeit in seinem Gesicht aufscheinen, und gern würde ich mich an ihn erinnern, aber da ist nichts, gar nichts. *I am really sorry,* stammele ich, da kommt er einen Schritt näher und sagt so laut, dass es alle hören können: *I loved you, you know? And you don't remember me? You don't even remember my name?* Mein Mund lächelt weiter, als ich abermals beteuere, wie leid es mir tut, dass ich mich nicht erinnere. Ob er mir nicht wenigstens seinen Namen sagen kann? Ich sehe Tränen in seine Augen steigen. Mir wird heiß, ich möchte raus, sofort raus, aber er lässt mich nicht vorbei. Gleich wird er weinen, schluchzen, ich werde dastehen wie das Monster, das geliebt wurde und es schnöde vergessen hat. Noch einen Schritt kommt er auf mich zu, viel zu nah steht er vor mir, ich versuche, mich an diese Gesichtszüge zu erinnern, ich kann mich doch sonst gut an Gesichter erinnern, warum nicht an dieses? Er flüstert jetzt seine Frage: *Don't you remember me?* Nein, möchte ich schreien, lass mich in Ruhe, geh weg! Ich weiß nicht, wer du bist, ich bin sicher, dass du nicht in meinem Leben warst, du bildest es dir ein, du bist ein Spinner, ein Verrückter, ein Stalker. Aber woher weiß er, dass ich eine Oshkosh-Latzhose trug und darunter schwarze Unterwäsche? War er aus der Entfernung in mich verknallt? Jemand, den ich einfach nie bemerkt habe, der aber immer da war? Aber woher wüsste er dann von meiner Unterwäsche? Vielleicht aus Erzählungen über mich? Die komische Deutsche, die schwarze Unterwäsche trägt wie eine Hure und sich aus politischen Gründen nicht die Beine rasiert? Er schweigt, starrt mich an, ich bin kurz davor, ihn wegzustoßen, er kommt mir einfach zu nah, da nimmt die Frau ihn resolut am Arm und sagt: *Don't you understand? She just doesn't remember you.* Sie führt ihn weg, und er lässt es geschehen. Im Weggehen wirft sie mir noch einen Blick zu, wie man ihn sehr bösen Menschen zuwirft, vor denen man sich dringend und sofort in Sicherheit bringen muss.

Ich gehe noch etwas trinken mit den Veranstaltern, stopfe einen Hamburger in mich hinein, an nichts anderes kann ich mehr denken als an diesen Mann, an den ich mich nicht erinnern kann. Zurück im Hotelzimmer setze ich mich an den kleinen Schreibtisch und schreibe eine Liste aller Männer, die ich in Stockton gekannt habe. Von nur wenigen weiß ich Vor- und Zunamen. Dann eine Liste aller Männer, mit denen ich ins Bett gegangen bin. So lang ist diese Liste gar nicht, und ich bin mir absolut sicher, dass ich mich an jeden Einzelnen sehr genau erinnern kann. Ich male eine Zeitschiene, trage alle Männer auf ihr ein, beschreibe ihr Aussehen, ihr Verhalten, die Orte, an denen ich mit ihnen gewesen bin. Nirgendwo ein Mann, dessen Namen und Aussehen ich nicht mehr wüsste. War das Ganze vielleicht eine Theater-Aktion, frage ich mich, oder eine einfallsreiche Art, sich als Schauspieler vorzustellen, die ich garantiert nie mehr vergessen werde? Wird er morgen wieder auftauchen, seinen Namen nachreichen und seine Agentur? Oder habe ich wirklich eine ganze Episode meines Lebens in meinem Hirn gelöscht? Dieser unbekannte Mann verfolgt mich über Wochen, Monate, Jahre. Ich habe ihn bis heute nicht mehr in meinem Gehirn gefunden. *She just doesn't remember you.*

Schreib über etwas, an das sich alle anderen erinnern, nur du nicht. Die ganze Familie weiß es noch, die Freundin, der Freund, der Mann, die Frau – aber du kannst dich einfach nicht erinnern. Alles, was du weißt, sind die Erinnerungen der anderen. Aber nach deiner eigenen gräbst du vergebens.

Ich soll meine winzigen, gerade erst geborenen Schwestern geohrfeigt haben, weil sie nicht mit mir sprechen wollten. Ich soll in ihre Wiege gestiegen sein und sie tatsächlich geohrfeigt haben. Ich kann mich erinnern, wie ich mich über sie gebeugt habe, sie ihre kleinen Münder aufrissen und, anstatt mit mir zu reden, zu lachen und zu scherzen, nur schrien und schrien, immer lauter schrien und nicht mehr aufhörten. Weil das einfach nicht auszuhalten war, habe ich sie geohrfeigt. Ich kann mich genau erinnern. Nein, kann ich nicht. Es wurde nur so oft erzählt, dass ich mich irgendwann fast verpflichtet fühlte, mich daran zu erinnern. Und ich erinnere mich: Ich sehe den kleinen Hocker unter meinen Füßen, spüre das Korbgeflecht der Wiege an meinen Knien, ich rieche die frischgewaschene Babywäsche, den säuerlichen Milchgeruch, ich sehe die winzigen rosa Zungen in ihren Mündern hin und her wackeln, ihre faltigen Hälse, die kleinen geballten Fäuste, ich höre sie schreien und schreien, es gellt in meinen Ohren, ich sehe meinen Arm durch die Luft fliegen und … nein, das ist nicht wahr. Ich erinnere mich nicht.

Einfach nur schreiben ohne Erwartungen, so, wie man herumkritzelt, wenn man lange telefoniert oder sich zu Tode langweilt.

Es ist schwer, keine Erwartungen zu haben. Innerlich sitzen wir immer noch in der Schule und zittern vor der Rückgabe unserer Hefte. Wie rot sind die Seiten, wie viele Fehler habe ich gemacht, wel-

che Note bekomme ich? Habe ich versagt? Vor mir selbst, vor den anderen Schülern, vor den Eltern, der Lehrerin, vor den Geschwistern. Es ist nicht genug. Ich bin nicht genug. Dagegen hilft: einfach schreiben. Und gleich hört man den Kommentar: Jetzt schreibt die / der auch noch! Um keine Erwartungen zu enttäuschen, fängt man also besser gar nicht erst an. Aber es bleibt dieses nagende Gefühl ganz hinten im Schädel: Du wolltest doch immer schreiben. War das nicht so? Hast du nicht immer davon geträumt?

Erwartungen radikal herunterzuschrauben, ist der Anfang. Fehler machen, ganz viele Fehler. Möglichst viele Fehler. Korrekte Grammatik und Orthographie aufzugeben kann sehr viel Spaß machen. Das funktioniert allerdings nur noch, wenn man mit der Hand schreibt, sonst schlägt die Autokorrektur erbarmungslos zu. Autokorrektur ist ein ganz gutes Wort für das, was wir ständig mit uns selbst anstellen: Wir korrigieren uns, ehe wir Erwartungen nicht erfüllen können. Wir wollen es unbedingt Richtig machen. Beim Schreiben scheinen diese Erwartungen besonders hoch zu sein. Aber es gibt kein Richtig und kein Falsch. Keine Fehler. Nur einen Weg: Weitermachen. Weiterschreiben. Die Hand über das Papier bewegen. Einfach weiterschreiben. Und weiter. Einfach immer weiter.

Weitermachen

Wir machen weiter und wissen doch gar nicht, wie es weitergehen soll. Wir stehen morgens auf, putzen uns die Zähne, waschen unsere müden Gesichter, spielen mit dem Kind, wir kochen Kaffee, füttern das Kind, wir frühstücken. Was frühstücken wir? Ich kann mich nicht erinnern. Bevor das Kind auf die Welt kam, haben wir in der Früh nur Kaffee getrunken und Zigaretten geraucht. Noch im Bett vor dem Aufstehen geraucht. Mir jetzt völlig unverständlich. Wie konnten wir nur? Kaum haben wir ein gesundes Leben begonnen, ist es auch schon vorbei. Er bekommt starke Medikamente, kann nichts mehr essen, alles schmeckt nur noch nach Chemie. Ich versprühe Rosenduft, weil ich gelesen habe, dass Rosenduft die Stimmung hebt. Mein ganzer Körper zittert, ich kann nichts dagegen tun. Wie Espenlaub. Nicht Birkenlaub, Buchenlaub, sondern Espenlaub. Was ist eine Espe? Ich habe Atembeschwerden, die ich für plötzliches Asthma halte, aber es ist Angst. Pure Angst. Wir spielen mit unserem Kind, es liebt seine Barbiepuppen, die ich doch eigentlich verbannt habe, den ganzen Tag suchen wir Barbies winzige rote Stöckelschuhe. In Amerika nennt man sie *fuck me shoes*. Ich habe ein Paar rote Stöckelschuhe, die ich nur selten getragen habe, weil ich es nicht gewohnt war, in ihnen zu laufen, und sie mir weh taten. Mein Mann mochte diese Schuhe, er mochte mich in diesen Schuhen, aber es war ihm auch egal, wenn ich immer nur Turnschuhe trug. Oder Cowboystiefel wie bei unserer Hochzeit. Seine waren aus Schlangenleder, meine aus schwarzweiß eingefärbtem Kuhfell. Ich ging in ihnen anders, so kam es mir vor, herausfordernder, aufrechter.

Ich war erstaunt, dass er mich heiraten wollte, ich war doch gar nicht sein Typ. Er hatte einen Ruf als *ladies' man*. In den ersten Wochen nach unserer Hochzeit klingelte ständig das Telefon und eine andere Frau war dran. Zu jeder sagte er freundlich: Ich bin jetzt verheiratet. Und dann legte er auf.

Unablässig trägt das Kind seine Barbie zu meinem Mann, setzt sich auf sein Bett. Es spielt mit ihm, unterhält ihn, heitert ihn auf. Zusammen ziehen sie Barbie die Stöckelschuhe an und wieder aus. Ich stehe in der Küche und kann nicht atmen. Habe immerzu entsetzliches Herzklopfen. Komme kaum noch die Treppen rauf.

Ich mache Sushi für ihn, weil er Sushi so liebt. Sushi-Restaurants sind noch sehr selten, Japan noch so weit, die Flüge dauern dreiundzwanzig Stunden. Ich habe die Zutaten mühsam zusammengetragen, den richtigen Reis, *nori,* die Tangblätter, *wasabi,* Meerettich, und *gari,* Ingwer. Wir haben einen niedrigen japanischen Tisch gekauft, japanische Keramik, sogar Tatamimatten, eine kleine japanische Insel mitten in unserer Wohnung. Stolz trage ich die Sushi auf, sie sind mir so gut gelungen, sie sehen perfekt aus. Wir sitzen um den Tisch am Boden, auf dem Teppich, das Kind ist glücklich, liebt es, wenn wir am Boden sitzen. Er fängt an zu weinen. Das einzige Mal, dass ich ihn weinen sehe. Er kann einfach nichts essen, so gern er auch möchte.

Das Kind steckt sich im Kindergarten mit Keuchhusten an. Um meinen Mann nicht anzustecken, ziehen wir beide in ein Hotel. Es gibt dort einen Pool, das Kind plantscht fröhlich, ich habe Angst unterzugehen, weil mich das Gewicht meiner Angst unter Wasser zieht. Das Kind ist gern im Hotel, es mag, dass einem das Frühstück aufs Zimmer gebracht wird und dass ich ihm erlaube, in der Früh fernzusehen. Es lacht und freut sich, und dennoch habe ich den Verdacht, dass es nur so tut, um mir eine Freude zu machen. Ohne Vorwarnung gibt eines Morgens mein Rücken nach, ich falle auf den orangeroten, fleckigen Hotelteppichboden, kann nicht mehr aufstehen. Um das Kind nicht zu beunruhigen, lache jetzt ich. Behaupte, dass ich ein Käfer bin, der in diesem Hotelzimmer unter dem Bett lebt und nun hervorgekrochen ist, um zu spielen. Dankbar nimmt das Kind die Geschichte an. Es holt Messer und Butter vom Frühstückstablett und schmiert mir Butter auf die Fußsohlen, was der Käfer unbedingt braucht, um laufen zu können, wie es sagt. Aber der Käfer kann nicht laufen, er bleibt liegen. Alles ist gut, sage ich, alles ist gut. Ja, sagt das Kind, alles ist gut, und glaubt mir kein Wort.

Zu schreiben bedeutet, sich jeden Tag wieder aus dem kleinen, ordentlichen Garten mit gemähtem Rasen und Blumenrabatten herauszuwagen in den Dschungel. Dorthin, wo wilde Pflanzen wachsen und gefährliche Tiere umherstreifen. Dorthin, wo die Geschichten nicht mehr hübsch und ordentlich sind, sondern schillernd, giftig, schmerzhaft und wüst. Interessant ist nie die Beschreibung unseres schönsten Ferientags, sondern die des schlimmsten. Wir verbinden uns über die schlimmen Geschichten miteinander, nicht die hübschen. Über die, in denen wir nicht gut dastehen, nicht moralisch gehandelt haben, versagt haben, verletzt worden sind, gescheitert sind.

Hochzeit

Sie überlegt, ob sie den Mann, der immer noch glaubt, dass sie eigentlich mit ihm zusammen ist, doch anrufen soll, kurz bevor sie einen anderen heiratet, aber dann entscheidet sie sich dagegen, denn sie fürchtet, er könne ihr vor Wut irgendeine grässliche Geschichte über ihren Bräutigam erzählen, an die sie sich immer erinnern wird, obwohl sie bestimmt nicht wahr ist. Sie bittet stattdessen eine Freundin, dem Nichtsahnenden die Neuigkeit beizubringen. Schonend beizubringen, sagt sie nicht. Er hat sie auch nie geschont. Hat mit seiner Exfreundin zusammengelebt und es ihr als besonders erwachsen verkauft. Hat eine Affäre gehabt, sie lange nicht beendet und ihr versichert, es habe nichts mit ihr zu tun. Sie will sich nicht an ihm rächen, aber sie fühlt sich auch nicht sonderlich verpflichtet, ihn jetzt zu informieren. Minuten, bevor sie sich trauen lässt, kommt sie an einem Payphone vorbei. Sollte sie ihn nicht doch schnell anrufen? Aber was würde sie sagen? Hallo, ich weiß, es ist bei dir in Deutschland spät in der Nacht, und ich habe nur wenig Kleingeld, deshalb ganz schnell: Ich heirate jetzt gleich. Ja, du kennst ihn. Sorry und tschüss.

Sie hat kein Hochzeitskleid, sie heiratet in Jeans, es ist kalt in der Kirche, sie ziehen noch nicht einmal ihre Lederjacken aus. Ihre Jacke hat ein pechschwarzes Innenfutter aus Maulwurfspelz, an jedem Maulwurfshügel entschuldigt sie sich in Gedanken. Die Kirche gehört einer Navajo-Gemeinde, der Pfarrer vergleicht die Ehe mit einem Auto, das man immer gut pflegen muss, und dann kommt er ein bisschen ab und erzählt von seinem Auto, dem die Kardanwelle gebrochen ist, und dass die Reparatur teurer wird als gedacht. Er findet nicht mehr recht den Weg zurück zu seiner Predigt, und erklärt die beiden Deutschen kurzerhand für verheiratet. Seine Ehefrau, stumm und freundlich, ist Zeugin. Seine kleine Tochter spielt während der Predigt Chopin auf einem alten Klavier. Nicht für das Brautpaar, sie übt nur, weil sie an diesem Nachmittag noch Klavierunterricht hat.

Sie sind beide nicht religiös, aber später wird er ihr erzählen, dass er zu Maria betet, wenn er in der Röhre des Computertomographen liegt.

Die Braut schlägt die Bibel auf, tippt mit geschlossenen Augen auf eine Stelle: Fürchtet euch nicht. Sie wird noch sehr oft daran denken.

Bevor sie ihre Heiratsurkunde auf dem Rathaus abholen können, müssen sie eine Blutuntersuchung machen. Ihn, ihren schönen, wilden Mann, akzeptiert man sofort im indianischen Krankenhaus, sie nicht. Man hält ihn für einen Navajo. Ein Oberpfälzer ist praktisch dasselbe, scherzt sie. Sie kaufen kleine Totemtiere als Glücksbringer, einen schwarzen und einen weißen Bären. Er ist der schwarze Bär, denn er behauptet, er habe eine schwarze Seele.

Die Freundin führt ihren Auftrag treu aus, sie sagt dem Mann in Deutschland, dass er jetzt ein Ex ist. Er kann es nicht glauben, er bekommt Atembeschwerden, die Freundin holt den Notarzt.

Sie kann selbst nicht glauben, dass sie jetzt verheiratet ist. Vor dem billigen Motel, in dem sie abgestiegen sind, brennt eine rosa Neonröhre. Er fotografiert das Motel, das Bett, ihre nackten Beine, die Füße in den schwarzweiß gemusterten Cowboystiefeln. Sie liebt seine Fotos, in ihnen sieht sie seinen so zärtlichen Blick auf sie selbst und die Welt.

Am nächsten Tag fahren sie weiter durch die Wüste. Sie sind jetzt ein Ehepaar und in einer fast heiligen Stimmung. Ausgerechnet sie beide, die niemals heiraten wollten. Dass das passieren konnte! An einem einsamen Payphone mitten in der Landschaft hält ihr Ehemann und ruft seine Mutter in Deutschland an. Er sagt ihr, dass er geheiratet hat, und sie sieht ihm aus dem Auto dabei zu. Er lächelt. Er ist glücklich. Wie sie.

Sie geht nicht gern auf Hochzeiten. Die Freude des Ehepaars findet sie zu privat, als dass sie sich teilen ließe. Immer hat sie das Gefühl, als gäben sich alle Gäste nur die größte Mühe, sich mitzufreuen, ohne wirklich beteiligt zu sein. Als Kind streut sie Blumen bei der Hochzeit ihrer Tante. Sie trägt ein weißes Kleidchen, auf dem Weg zur Kirche ist es windig und regnerisch, sie hat große Angst, ihr Kleid könne dreckig werden. Ihre Aufgabe nimmt sie bitterernst, sie hat Herzklopfen vor Aufregung, sie umklammert das Blumenkörbchen, klaubt mit zitternden Fingern die Rosenblätter heraus und wirft sie auf den Teppich, aber sie wehen fort, legen sich nicht dorthin, wo sie sollen. Sie möchte sie wieder aufsammeln, noch einmal von vorn anfangen, das Brautpaar lacht, sie steht ihm im Weg, ein Erwachsener führt sie zur Seite, greift in ihr Körbchen, wirft mit einem Schwung die restlichen Blütenblätter hinaus. Das Blumenkind hat versagt, vor Scham und Wut wird ihr ganz heiß.

Schreib über eine Hochzeit. Gehst du gern auf Hochzeiten? Schreib über deine eigene Hochzeit. Wie war sie? Wie hast du dich gefühlt? Was hast du getragen?

Ein Kleid

Mit einem anderen Freund habe ich mich geprügelt. Wir sind unglücklich miteinander und streiten uns ständig, aber wir können uns nicht trennen. Er schlägt mich, und ich gehe mit dem Besen auf ihn los. In einem Sportladen für Boxbedarf in New York kaufe ich einen lilaseidenen Boxermantel mit dem Schriftzug *Everlast*. Die schweren Jungs im Laden betrachten mich amüsiert und ein wenig mitleidig, als ich in dem Mantel durch die Gänge tänzele. Ich werde durchhalten, ich schwöre.

Ich trenne mich, der Freund zieht aus, aber weigert sich, seinen Hausschlüssel abzugeben. Eines Nachts kommt er zurück und besprüht alles, was ich besitze, mit schwarzem Autolack. Meine Bücher, Tagebücher, Bilder, Geschirr, selbst die Lebensmittel im Kühlschrank. Er öffnet meinen Kleiderschrank und zieht eine dicke schwarze Farbspur über all meine Kleider. Auch der Boxermantel bekommt etwas ab, aber ich trage ihn weiter.

Jahre später trage ich ihn im Krankenhaus während der Wehen. Wanke, stöhne, grunze, schreie wie ein Boxer im Ring. Ich werde das überstehen, ich heiße den Schmerz willkommen, ein Schmerz, der zu etwas Wunderbarem führen wird. *Everlast*. Das Kind kommt zur Welt, ich trage immer noch den Mantel. Sein Vater weint. Ich staune über das winzige Wesen in meinem Arm. Bin knallwach, nicht mehr benommen vom Schmerz. Ein sehr kleiner Mensch mit einer glasklaren Persönlichkeit schaut mich konzentriert an. Schon hat er mich verändert und wird es von nun an jeden Tag weiter tun. In der ersten Nacht als Mutter fühle ich mich mit der gesamten Menschheit verbunden, als hätte man mich eingereiht in eine endlose Perlenkette von Geburt und Tod. Vorher sind die Perlen lose herumgerollt, jetzt sind sie aufgefädelt. Ich habe mich eingefädelt. Bin mit einem Mal nicht mehr außen vor, sondern mittendrin.

Zu dritt verlassen wir die Klinik, strahlend. Selbst das Neugeborene scheint zu strahlen. Eine alte Dame in Schwarz steigt zu uns in den Fahrstuhl. Sie tupft sich die Augen, weint. Das Ende und der Anfang befinden sich gleichzeitig in dem engen Raum. Wir schweigen betreten, wünschen stotternd alles Gute, steigen aus und betreten unser neues Leben als Familie.

Mein Äußeres verändert sich. Ich trage Oberhemden meines Mannes und Still-BHs. Jogginghosen und Fleecejacken. Wir leben auf dem Land, es spielt überhaupt keine Rolle mehr, wie ich aussehe. N kam mich besuchen, als ich im sechsten Monat schwanger war. Ich brauchte einen neuen, größeren BH, mein Körper war mir mit einem Mal fremd. Auf der Straße, kurz vorm Kaufhof, brach ich in Tränen aus. Ich werde nie wieder die sein, die ich war, schluchzte ich. Zum Glück, sagte sie und lachte mich aus.

Ich werde eine andere und denke, so bin ich also jetzt. Ich trage bunte Klamotten, die auch dem Kind gefallen. Einen Eisbärenmantel und lustige Hüte. Wir werden alle drei dicker und lustiger und fauler. Die meiste Zeit liegen wir mit dem Kind auf dem Teppich und im Bett, nur ungern gehe ich arbeiten. Ich denke, es wird immer so weitergehen. Manchmal langweile ich mich. Bin ungeduldig. Möchte weiter, weiter, weiter. Bis ich dann nicht mehr weitermöchte, sondern nur noch zurück.

Wir betreten die Hölle der Krankheit, und ich bekomme Halluzinationen. Sehe in der U-Bahn die Herzen aller Mitfahrenden rot und blutig und voller Schmerzen unter ihren Hemden und Pullovern schlagen, spüre ganz deutlich das Leiden jedes Einzelnen. Wie konnte ich nur glauben, dass es ein Leben ohne Leiden gibt?

Nichts kann mich beruhigen. Ich unternehme mit dem Kind endlose Spaziergänge, um nicht stillsitzen zu müssen. Wenn es regnet und schneit, streifen wir durch hellerleuchtete, warme Kaufhäuser und Kleiderläden. Stundenlang probieren wir Kleider an, verkleiden uns in den Umkleidekabinen, ziehen uns an und aus und aus und an, bis uns die Arme weh tun. Für kurze Zeit vergessen wir.

Eines Tages geraten wir auf unserer Flucht in eine Boutique, die einem freundlichen älteren Herrn gehört, der einmal der schöne Helmut von Schwabing genannt wurde. Er mustert mich und gibt mir wortlos ein verrückt teures Kleid, das aussieht wie ein glänzend schwarzer Lampenschirm oder eine Ziehharmonika, eine Skulptur, eine Verhüllung, reine Transformation. Im Spiegel bin ich eine andere, und gleichzeitig seit langem wieder ich selbst. Ich mag das Kleid gar nicht mehr ausziehen, es gibt mir Kraft, es richtet mich auf. Der schöne Helmut sieht das genau. Es kostet ein Vermögen, aber er gibt es mir fast geschenkt. Sagt: Manchmal braucht man unbedingt so ein Kleid.

Schreib über ein Kleidungsstück. Eines, das dich verändert hat. Schreib über Badehosen, Bikinis, Badeanzüge, über Anzüge und Abendkleider, über zu enge und zu weite Jeans, Unterwäsche und Hüte.

Du hast über die Rüstungen als Kind geschrieben, welche trägst du als Erwachsener? Schreib über Rüstungen, die du angelegt und wieder abgelegt hast, die dich tatsächlich geschützt oder dich im Stich gelassen haben. Erinnere dich an die Person, die du in dieser Kleidung warst oder gehofft hast zu sein. Siegfried hat in Drachenblut gebadet, aber ein Blatt fiel auf seine Schulter. Schreib über deine Verletzlichkeit.

Super Chicken

Ich erinnere mich an meinen ersten Bikini, er ist blau und hat eine weiß-rote Litze. Ich bin vielleicht zwölf oder dreizehn, auf jeden Fall habe ich noch keinen Busen, den ich mir sehnlich wünsche. Jeden Abend bete ich darum und knie mich vors Bett, weil ich denke, dass das katholisch ist und Gott die Katholiken vielleicht doch bevorzugt. Davon ist das Mädchen neben mir in der Klasse überzeugt, das bereits einen riesigen Busen hat, den ich gut studieren kann, denn sie trägt knappe Oberteile, und wenn sie sich meldet, rutscht ihr Hemd so weit nach oben, dass ihr kugelrunder Busen unten aus dem BH quillt und mich an Pampelmusen erinnert. Meine Mutter gibt uns eine halbe Pampelmuse zum Frühstück. Sie macht eine Diät und schreibt jede Kalorie in ein kleines Heft. Meine Banknachbarin macht ebenfalls Diät, sie findet ihren Busen zu groß und isst nur noch Äpfel. Ich verstehe das nicht, ich bin so flach wie ein Bügelbrett und beneide sie, aber ich stelle es mir doch auch ein wenig unbequem vor, mit einem großen Busen zu leben. Ich hänge an meinem glatten und unkomplizierten Mädchenkörper, denn ich beobachte genau, welche Probleme Frauenkörper machen können. Diese Art der Veränderung will ich lieber nicht. Ich betrachte meinen gebräunten Körper in dem blauen Bikini im Spiegel, und wenn ich mich lange genug anstarre, sehe ich nicht mehr mich, sondern eine Fremde. Ich kann nicht herausfinden, ob ich attraktiv bin oder nicht, wobei die vorherrschende Meinung ist, dass man als Frau ohne Busen auf keinen Fall attraktiv sein kann.

Es wird Winter, und ich wünsche mir sehnlichst eine, wie ich finde, äußerst attraktive weiße Lacklederjacke, an der weißer Flaum hängt wie an einem zerzausten Huhn. Meine Mutter, die sich von verrückten Modeideen immer einnehmen lässt, schenkt sie mir. Erstaunlich, denn sie reicht kaum über die Taille und wärmt nicht die Bohne. Kurz darauf fahre ich zu einem Schüleraustausch nach England, wo es überraschend kalt ist, auch im Haus meiner Gastfamilie, die überhaupt nie zu heizen scheint. Aber der arbeitslose Vater friert anscheinend nicht, er sitzt den ganzen Tag im Unterhemd vorm Fernseher, der nach einer bestimmten Zeit ausgeht, wenn man keine Münzen einwirft. Auch die Heizung funktioniert so, aber sie bekommt nie eine Münze ab. Ich zittere vor Kälte und trage die

Jacke tagein, tagaus. Im Dauerregen verwandelt sie sich in ein erbärmlich dünnes, nasses Fell. Ich bekomme den Spitznamen »Super Chicken« und weiß nicht recht, was ich davon halten soll. Bezieht er sich auf die Jacke oder auf meine Hühnerbrust? Vorsichtshalber lache ich. Ich verstehe das Englisch meiner Mitschüler nicht, ihre komplette Kälteunempfindlichkeit, das stundenlange Ausharren in eisigen Räumen, wo man auf kalten Heizkörpern hockt und den Jungs dabei zusieht, wie sie Boxen und E-Gitarren anschließen und gellende Rückkoppler produzieren, aber nie anfangen zu spielen. Ich langweile mich und friere in diesem England, bis ich im Nieselregen unter dem giftgelben Lichtkegel einer Straßenlaterne zum ersten Mal geküsst werde. Mit einem Schlag ist mir nicht mehr kalt und langweilig. Ich habe meine Bestimmung im Leben gefunden: Ich will nur noch küssen. Kurz darauf rauche ich zum ersten Mal, betrinke mich zum ersten Mal, werde über Nacht Kommunistin, weil der Junge, der mich geküsst hat, Kommunist ist. Die Jacke ziehe ich bei all diesen Aktivitäten nicht aus, aber ansonsten bin ich völlig verändert, und als ich zwei Wochen später in Bremerhaven von Deck gehe, erkennen mich die Eltern gerade noch an der Jacke wieder. Keine meiner Schwestern darf danach einen Schüleraustausch machen.

Schreib über das erste Mal. Das erste Mal von irgendwas. »Jedem Anfang wohnt ein Zauber inne« – Quatsch. Manchmal ist der Anfang, das erste Mal, einfach nur Mist, eine Enttäuschung, ein Alptraum. Manchmal aber ist er tatsächlich verzaubert.

Japan

Ich bin zum ersten Mal in Japan und bin nicht mehr ich selbst, weil ich nicht mehr reden kann. Keiner versteht Englisch, und ich spreche kein Japanisch. Mit einem Mal bin ich stumm, meiner sprechenden Persönlichkeit beraubt, und das empfinde ich als seltsam beglückend. Zurückgeworfen auf Mimik und Gestik komme ich zu mir selbst. Aus japanischer Sicht bin ich wahrscheinlich einfach nur groß und gelb: eine riesengroße junge Frau mit blondem Punkhaarschnitt in einem sonnengelben Trenchcoat. Wie eine Flamme stehe ich an der Straße und halte den Daumen raus. Was will diese Person nur? Der erhobene Daumen ist eine Geste, die man entweder gar nicht oder nur aus amerikanischen Filmen kennt. Immer wieder halten Autos vorsichtig an, fahren sogar ein Stückchen zurück, hoffnungsvoll laufe ich los, wie man das als Tramper so macht, um gleich einzusteigen, aber keine Autotür öffnet sich, nur die Fenster werden runtergekurbelt, ich verbeuge mich, wie ich es inzwischen gelernt habe, eine Fotokamera wird auf mich gerichtet, klick, die Fenster werden wieder hochgekurbelt, und das Auto verschwindet. Statt nun in Verzweiflung oder Wut zu verfallen, packt mich unverhoffte Heiterkeit und Leichtigkeit. Als ich am Ende doch in einem winzigen japanischen Sportwagen mitgenommen werde, in den ich mich umständlich hineinfalte, singe ich mit dem Fahrer amerikanische Popsongs, zu denen wir beide den Text nicht kennen. Wir singen in einem Phantasie-Englisch, das sich erstaunlich gleicht, da wir beide den Radiostationen des amerikanischen Militärs gelauscht und die Songs mitgesungen haben, ohne sie zu verstehen. Auch die abgrundtief hässliche Nachkriegsarchitektur der grauen Trabantenstädte, durch die wir fahren, ist mir seltsam vertraut und doch fremd. Diese Gleichzeitigkeit von Vertrautem und Fremdem führt zu einer Art ekstatischem inneren Dauerkichern. Vor Hitze, Überanstrengung und Aufregung bin ich ständig kurz davor, in Ohnmacht zu fallen, was tausend Tassen grüner Tee knapp verhindern. Man schaut mir diskret dabei zu, wie ich riesengroß und unübersehbar durch das Land wandere und mir Mühe gebe, nicht zu oft anzurempeln. Ich bin wie ein großer gelber *fish out of water*, der genau hier jedoch sein wahres Gewässer entdeckt. Ziellos glückselig schwimme ich umher, sichtbar und unsichtbar zugleich, denn aus reiner Höflichkeit schenkt man mir keine übermäßige Aufmerksamkeit. Das kommt einem Idealzustand ziemlich nah: gesehen werden, ohne belangt zu werden. Ich darf sein, wer ich will, da man nicht von mir erwartet, irgendwelche Erwartungen zu erfüllen oder irgendwo hineinzupassen. Weder in die alten, niedrigen Holzhäuser, in denen ich mir den Kopf anschlage, noch in die schmalen Holztoiletten, auf denen ich mich nicht umdrehen kann. Ich passe kaum in die Betten, geschweige denn in die Badewannen. Ich bin ein *gaijin,* jemand von draußen und dadurch vollkommen frei, oder fühle mich zumindest so. Verzaubert und wie mit einer Tarnkappe versehen, beobachte ich das Leben um mich herum, den anstrengenden Alltagstakt und die komplizierten Konventionen, die akkurate Kleidung und die abgezirkelten Bewegungen, Verbote und Gebote, die mich belustigen. Nicht im Gehen rauchen, steht auf den Bürgersteigen. Gleichzeitig passt man auf mich auf. Wenn ich mich verirre, nimmt mich jedes Mal ein wildfremder Mensch beherzt an der Hand und führt mich zur nächsten Bushaltestelle, Pension, zum Bahnhof oder auch zu einem amerikanischen Fastfoodladen, in der Annahme, dass ich vielleicht eine große Portion Hackfleisch und einen Liter Cola brauche, um mich heimisch zu fühlen.

Sie nehmen mich an der Hand wie ein Kind. Alte Frauen, Geschäftsleute, Teenager und Hausfrauen führen mich und reden mir beruhigend zu wie einem etwas störrischen, aber gutmütigen Esel. Ich bin der Esel, der Tanzbär, werde lächelnd bestaunt in meiner Tapsigkeit und Unkenntnis. Geduldig erklärt man mir den Gebrauch der diversen Puschen, ohne die man kein Haus, keinen Tempel, kaum ein Restaurant betreten darf. Raus aus den Straßenschuhen, rein in die braunen Plastikpuschen, raus aus den Plastikpuschen, rein in die Klopantoffeln, raus aus den Klopantoffeln, rein in die Plastikpuschen. Wenn ich dann prompt aus Versehen in Klopantoffeln bei Tisch erscheine, lachen sich alle kaputt über diesen schaurigen Fauxpas. Ich sorge für Unterhaltung und allgemeine Erheiterung, fast dankbar scheint man zu sein für dieses kleine Loch, das ich in die strengen Vorschriften reiße. Das wird meine Rolle: Ich sorge für Stimmung. Manchmal entstehen dadurch Begegnungen, die gerade durch den mühsamen sprachlichen Austausch erstaunlich tief und herzlich sind. In rudimentärem Englisch berichten mir Frauen nach wenigen Minuten ihre Lebensgeschichte. Im Zug erzählt mir eine schüchterne Klavierlehrerin in blasslila Rüschenbluse, sie sei im Bett ein wildes Tier und könne deshalb niemals heiraten. *One man not enough,* kichert sie und hält sich die Hand vor den Mund. *I am so wild,* sagt sie, *I also beat men.*

Eine alte Dame im Kimono berichtet von ihrem Café, das sie Frank Zappa gewidmet hat, den sie verehrt. Eine elegante Angestellte erzählt mir von ihrer seit dreißig Jahren andauernden Affäre mit einem verheirateten Mann, aber als Ehemann wolle sie ihn nicht geschenkt haben. Eine etwa fünfzigjährige Frau lebt noch bei ihren Eltern, bis vor kurzem hat sie ihr Zimmer kaum verlassen, aber ihre Eltern haben es geduldig ertragen. Neben mir in der U-Bahn liest eine gebrechliche Dame *Der kleine Lord* auf Deutsch. Sie zeigt mir das Buch, als ich sie darauf anspreche. Jedes Wort ist in hauchdünnem Bleistift mit seiner japanischen Übersetzung versehen. Seit zweieinhalb Jahren liest sie dieses Buch. Sie ist auf Seite achtzig. Laut lese ich ihr ein paar Seiten vor, verstehe das altmodische Deutsch nur mit Mühe. Glühend bedankt sie sich und sagt auf Deutsch: Ein guter Tag.

Jeder Tag ist ein guter Tag. Ja, ja, die alte Zen-Maxime, die ich in ihrer Härte oft verfluche.

Als ich selbst schon fast alt bin, stehe ich an einer Straßenkreuzung in Kyoto, unentschieden, welchen Tempel ich mir heute ansehen will, als sich ein alter Mann neben mich stellt. Er muss um die neunzig sein, spindeldürr und gebeugt wie ein Strohhalm, tadellos gekleidet in einem weißen, gebügelten Sommerhemd und dunklen Hosen. Er hebt den Kopf und schaut mich klar und neugierig an, unverwandt, als versuche er, mich zu erkennen. Ich nicke freundlich, da greift er mit einer schnellen Bewegung nach meiner Hand, lässt sie nicht mehr los. Ich stehe Hand in Hand mit ihm da, als kennten wir uns gut. Passanten werfen uns schnelle, scheue Blicke zu. Ich bin mir bewusst, wie ungewöhnlich es ist, dass ein alter Japaner eine deutlich jüngere westliche Frau an der Hand hält. Das Klischee funktioniert nur andersherum. Wir stehen einfach weiter so da, seine Hand ist trocken und kühl, eine Zeitlang geschieht rein gar nichts. Ich spreche ihn an, sage in allen Sprachen, die mir einfallen: *hello*, guten Tag, *ohayo goseimas*. Er reagiert nicht. Der Verkehr umtobt uns, zwei Touristen-Rikschas mit weiß geschminkten Geisha-Schülerinnen ziehen an uns vorbei. Ich teste, ob ich meine Hand vorsichtig zurückziehen kann, aber nein, er hält sie eisern fest, und als die Ampel auf Grün springt und als Hörzeichen das Vogeltschilpen erklingt, geht er entschlossen in kleinen, schnellen Schritten mit mir an der Hand über die Straße, als würde er mich führen. Ich sehe mich um, steht irgendwo seine Frau, sein Sohn, seine Tochter, eine Betreuerin? Er scheint genau zu wissen, wohin er will. Wir biegen ab von der Hauptstraße, ich versuche, seine Schritte aufzuhalten, indem ich mich behutsam widersetze und langsamer werde, aber sein Griff ist so entschlossen wie der eines Vaters, der in Eile ist und sein Kind hinter sich herzieht. Ich werfe einen letzten Blick auf die Hauptstraße, vielleicht ruft ihn jemand, sucht ihn, aber nichts. Die kleine Straße ist still, fast dörflich, vor den schmalen Häusern stehen Blumenkästen und Fahrräder, der Eingang zu einem Tempel, eine kleine Bar, ein Soba-Restaurant. Ich könnte mich losreißen, das wäre nicht schwer, aber in einer Mischung aus Neugier und Besorgnis gehe ich mit ihm weiter, was sich immer mehr so anfühlt, als würde ich entführt. Abrupt bleibt er schließlich vor einem grauen Haus stehen. Er will nicht hineingehen, steht davor und bewegt sich nicht weiter. Lässt aber immer noch nicht meine Hand los, sondern sieht mich abermals konzentriert an, als warte er auf eine Reaktion von mir. Ich nicke, da nickt er zurück. Meine Hand in seiner ist inzwischen verschwitzt, seine dagegen immer noch kühl. Ich frage mich, wie das weitergehen soll. Keinem Polizisten könnte ich in meinem mangelhaften Japanisch klar machen, dass ich diesen alten Herrn gefunden habe, beziehungsweise er mich. Ich kann ihn jetzt auch nicht einfach vor dem Haus stehenlassen. Warum dieses Haus? Wohnt er hier? Hat er hier gewohnt? Hat jemand in dem Haus gewohnt, an den er sich erinnert? Wer weiß, welche Strecke er schon zurückgelegt hat. Wieder versuche ich, meine Hand aus seiner zu ziehen, aber als sie ihm beinahe entschlüpft, fasst er fest nach. Ich erinnere mich an die buddhistische Aufforderung, in jedem Menschen seine Mutter oder seinen Vater zu sehen. Er könnte tatsächlich mein Vater sein, mein Vater ist zu dem Zeitpunkt noch jünger und rüstig, nie würde er nach meiner Hand greifen, nie sich führen lassen. Das geschieht erst viele Jahre später, als er nicht mehr der sportliche, große und starke Mann ist, sondern alt und gebrechlich. Es zerreißt mir das Herz. Mein Vater ist zu schwach, um zu schwimmen, aber er lässt sich an meinen Händen durch einen Pool ziehen, gemächlich schreiben wir gemeinsam Kreise durchs Wasser wie in einem zärtlichen Tanz, unvorstellbar mit dem Vater meiner Jugend. Wie in einer russischen Steckpuppe scheinen wir verschiedene Versionen von uns selbst in uns zu beherbergen, die geduldig auf ihren Auftritt warten.

Mein japanischer Vater rührt sich nicht vom Fleck. Ich werde ungeduldig, mag nicht mehr, möchte wieder meiner eigenen Wege gehen. Nur noch ein Minütchen, gestehe ich ihm zu. Es werden mindestens zehn. Er bewegt sich keinen Millimeter, unter seinem weißen Hemd hebt und senkt sich schwach sein Brustkorb. Um der Langeweile zu entgehen, versuche ich, in seinem Rhythmus zu atmen, aber komme dabei fast aus der Puste. Hinter mir schreit jemand, Fußgetrappel, eine Frau Anfang sechzig kommt auf uns zugerannt, mit einem Ruck entreißt sie mir den alten Mann, redet aufgebracht erst auf ihn, dann auf mich ein. Ich kann nicht unterscheiden, ob sie sich bedankt oder beschwert. Er reagiert nicht. Schaut mich noch einmal an, freundlich und ungerührt. Kurzerhand packt sie ihn am Arm und führt ihn mit sich weg. Ich sehe ihnen nach. Über mir kreischen Krähen. Vor mir blüht eine winzige rosa Nelke in einem Balkonkasten, ich höre das Geräusch eines Reisigbesens. Wusch, wusch. In einem japanischen Kloster habe ich gelernt, den Wald zu fegen. Zutiefst sinnlos, aber schön. Wusch, wusch, wusch.

Ein paar Jahre später, in Chigasaki am Meer, geschieht mir genau die gleiche Geschichte ein zweites Mal. Ich sitze am Strand und esse ein Sandwich. Ein alter Mann setzt sich neben mich. Nimmt meine Hand. Er sieht dem anderen Mann ähnlich. Er sagt kein Wort, wir lauschen der Brandung, bewegen uns nicht, ich lasse das Sandwich sinken. Er lächelt, ich lächele. Dann steht er auf und geht. Sieht sich nicht um. Eine Krähe stürzt mit lautem Krächzen vom Himmel und schnappt sich das Sandwich aus meiner Hand. Ich schreie laut vor Schreck. Der berühmte Mönch Ikkyu wurde durch einen Krähenruf erleuchtet. Ich nicht.

Schreib über einen fremden Ort. Wer warst du in der Fremde? Was war dir fremd? Sich in die Fremde zu wagen, hat etwas Belebendes und gleichzeitig Beängstigendes. Man muss aufpassen, dass man sich nicht verirrt. Aber sich zu verirren, kann auch wunderbar sein. Die bekannten Wege verlassen. Überrascht werden. Auch von sich selbst. Wann bekommst du Angst? Wie viel Fremde hältst du aus? Und wenn das Bekannte fremd wird? Schreib über die Rückkehr an einen bekannten Ort, der dir fremd geworden ist.

Heimatort

Die graue Straße, durch die früher der Wind pfiff und die so hässlich und langweilig war, dass ich mich fürchtete, sie entlanglaufen zu müssen, ist jetzt ein von zartweiß blühenden Akazien gesäumter Boulevard. Ich frage mich, wann diese Bäume Zeit gehabt haben, so groß zu werden, denn kaum bin ich in meiner Geburtsstadt und in der Wohnung meiner Eltern, zerfließt die Zeit zu einem uferlosen See. Die Akazien blühen, aber die Ödnis ist geblieben. Rossmann, Rewe, Subway, ein türkischer Handyladen, ein Hörgerätladen, ein Laden für Katzenbedarf. Ein Blumenladen, der tapfer die Stellung hält, obwohl es im Supermarkt Blumen für weniger als die Hälfte gibt. Den Glaser mit der schwarz spiegelnden Fassade, in der ich als Teenager meine Frisur überprüft habe, gibt es wundersamerweise noch, aber keinen Buchladen mehr, auch die Boutique mit Marimekko-Dekostoffen und Geschenkartikeln, in der ich meinen ersten Schülerjob hatte und mich fast schmerzhaft langweilte, ist verschwunden. Es gibt nichts Langweiligeres als einen Arbeitsplatz ohne Arbeit. Der leere Laden verschlang mich mit seiner bodenlosen Stille, in der ich allein herumstand und die Minuten zählte. Die ein, zwei Kunden, die im Schnitt an einem ganzen Nachmittag hereinschneiten, überschüttete ich mit Geschenkideen, versuchte sie dazu zu bringen, die finnischen Kleider anzuprobieren, in denen jeder aussah wie ein Vorhang, flehte sie an, doch ruhig noch ein wenig herumzustöbern, um nicht wieder ganz allein im Laden zurückzubleiben.

Das Kopfsteinpflaster in unserer Straße gibt es noch, über das wir morgens auf dem Fahrrad in die Schule hoppelten, froh, wenn auf der Hauptstraße der glatte Asphalt begann. Dort oben an der Ecke wohnte die Englischlehrerin, die den Burnout für Lehrer erfand, da gegenüber der Junge, der mich immer küssen wollte und mir dafür seinen Bravo-Starschnitt von Winnetou versprach. Auf dem Gehweg vorm Haus bin ich Rollschuh gelaufen und regelmäßig über die schwarzen Teerwülste im Asphalt gestürzt. Ich mochte den süßlich scharfen Geruch, wenn die Teermaschine langsam die Straße entlangrollte und wir Kinder heimlich unsere Füße in den frischen Teer drückten, immer mit ein wenig Angst, drin hängen zu bleiben und dort auf der Straße, gleich vor dem Elternhaus, gefangen im Teer unser Leben verbringen zu müssen.

Die Elternhäuser beider Eltern wurden durch Bomben zerstört. Meine Mutter zog mit ihrer Familie in den Keller des zerstörten Hauses. Auf dem Schreibtisch meines Großvaters befanden sich noch Jahrzehnte später angekokelte, halbkaputte kleine Gegenstände, die er aus den Trümmern gerettet und repariert hatte. Ein Bronzepferdchen mit kaputtem Bein, ein angeschlagener Teller mit blauem Zwiebelmuster, eine graue, halbverbrannte chinesische Porzellanskulptur von einem Berg mit Mönchen. Überall in der Wohnung meiner Großeltern befanden sich wunderbare und rätselhafte Dinge. Warum hatte der Wohnzimmertisch goldene Löwenfüße? Dieses behagliche Gefühl, wenn wir unter dem Tisch zwischen den Löwenfüßen lagen und oben die Erwachsenen ratschten und die Bettzeiten der Kinder vergessen hatten. Warum hing neben meinem Platz am Esstisch ein Bild von einer Frau, die auf einem Teller einen blutenden Kopf vor sich hertrug? Die Namen Judith und Holofernes sagten mir nichts. Bestimmt wegen des Tellers, dachte ich. Passt. Esstisch – Teller. Warum lag ein kaputter Mann auf der Kommode? Zu jedem Gegenstand gab es Geschichten, aber sie waren, obwohl wohlbekannt, gleichzeitig nebulös. Woran starb dieser Gallier? Wie vielleicht alle Kinder hörten wir nicht genau zu, konnten wir uns die Geschichten nicht merken, fragten nicht nach.

N besuchte mich, wir fuhren zusammen nach Hannover. Wir waren keine fünf Minuten im Haus, da fragte sie bereits meine Mutter nach dem Krieg und den Bomben aus, und meine Mutter erzählte in ihrem makellosen Oxford English, wie ganz Hannover gebrannt hatte, die Bomben auf ihr Haus gefallen waren und sie von da an im Keller gelebt hatten. Weil meine Mutter all das in einer anderen Sprache erzählte, hörte ich ganz anders zu. Fasziniert fragte N immer weiter nach, sie wollte den Ort gern sehen. Wir fuhren zu dem in den fünfziger Jahren wiederaufgebauten Elternhaus meiner Mutter, sie führte uns in den Keller, der immer noch der alte war und in dem ich nie zuvor gewesen war. Ein kleines, tiefes und sehr dunkles Kellergewölbe, das muffig und feucht roch und trotz des glühenden Hochsommers eiskalt war. Präzise beschrieb meine Mutter die Position der Betten der vierköpfigen Familie, wo sie gekocht, gegessen und gesessen hatten, jedes Detail war in völliger Klarheit wieder da und erfüllte vor unseren Augen den dunklen Raum wie eine virtuelle Installation.

Gebückt stehen wir in dem kalten Keller, meine Mutter ist wieder ein Teenager, sie hat keine Angst, sie ist tapfer, neugierig und abenteuerlustig, die Familie hält zusammen und wird es schon schaffen.

Als Kind spiele ich auf Trümmergrundstücken, auf Überresten von Mauern, Treppen, über die Unkraut wuchert, Lupinen und Rainfarn. Im Sand zwischen verkrümmten Eisenstreben und zerborstenen Steinen finden wir Scherben, halbgeschmolzenes Besteck. In unserem Garten steht eine Rotbuche, der Stamm vom Bombeneinschlag tief gespalten. Nachts höre ich Panzer über das Kopfsteinpflaster rollen, aber wenn ich angstvoll auf die Straße schaue, ist sie leer, und das Pflaster glänzt im Regen unter den gelben Straßenlaternen. Ich fürchte mich vor dem Licht der Autoscheinwerfer, die über die Decke wandern. Ich habe Wörter wie Flak und Bombergeschwader aufgeschnappt, weiß, dass sie am Himmel aussahen wie bunt glitzernde Weihnachtsbäume. Im Radio werden nach den Nachrichten die Vermisstenmeldungen durchgegeben, und zu einer bestimmten Uhrzeit werden monoton nur Zahlen vorgelesen, Codes für Agenten im Osten, heißt es. Ich verstehe das nicht, aber ich mag die Sendung mit den Zahlen. Ebenso wie die endlosen Wasserstandsmeldungen.

In der radioaktiv verseuchten und von Tsunami und Erdbeben zerstörten Zone von Fukushima erkenne ich die Trümmergrundstücke meiner Kindheit wieder. Die Grundmauern, die noch stehen. Das Unkraut, das sie bereits überwuchert. Die Scherben und den Schutt aus Gegenständen des Alltags. Den

Schrecken der Überlebenden: Eben war noch alles da, und dann war alles mit einem Mal nicht mehr da.

Von der durch die Bomben gespaltenen Rotbuche im Garten heißt es in meiner Kindheit, dass sie nicht überleben wird, zu tief ist sie verletzt. Fünfzig Jahre später steht sie immer noch da.

In einem außergewöhnlich heißen Sommer flippt sie aus und wächst so hoch und weit wie nie zuvor, ihr Laub wird so dicht, dass die Sonne nicht mehr hindurchdringt. Als Kind konnte ich mich in dem geborstenen Innenraum ihres Stamms verstecken, jetzt passe ich nicht mehr hinein. Vielleicht sollte ich sie mal umarmen, denke ich, und lege meine Arme um ihren mächtigen, kaputten Stamm. Ich versuche, etwas zu fühlen, aber da ist nichts, und die Buche fühlt auch nichts. Sie hat mir zugeschaut, wie ich auf der Schaukel in den Himmel fliege, immer wieder und wieder, so hoch, dass es diesen kleinen Augenblick gibt, in dem man in der Luft kurz anzuhalten scheint, bevor es wieder nach unten geht. »Wuppdich« nannte ich diesen Moment. Ich kann von hoch oben in die Praxis meines Vaters sehen, die Scheiben bestehen bis auf einen schmalen Streifen aus Milchglas, aber da sehe ich seinen Kopf, sein graues dichtes Haar, den weißen Kragen seines Kittels. Manchmal öffnet er das Fenster und ruft, wir sollen bitte leiser sein. Wir bemühen uns, aber nur

Minuten später haben wir es vergessen. Wir werden ermahnt und ermahnt und können uns nicht erinnern.

Schreib über dein Elternhaus. Das Elternhaus deiner Eltern. Das Haus der Großeltern. Über das Zurückkehren in diese Wohnungen und Häuser. Über deine Erinnerungen als Kind und deine Erinnerungen als Erwachsener. Was ist noch da? Was ist nicht mehr da? Zwei Gefühle, die mich überkommen: untröstlich und heiter. Sie gleichzeitig wahrzunehmen und auszuhalten ist eine Herausforderung nicht nur im Leben, auch im Schreiben.

Warum ich?

An einem Nachmittag, an dem ich nicht weiß, wohin mit mir, und einsam und verwirrt bin, gehe ich ins Kino, in einen Dokumentarfilm über Maria Callas. Sie ist so schmal, ihr Kopf so groß, ihr Mund und ihre Augen riesig. Wenn sie spricht, klingt sie immer ein wenig wehklagend. Sie berichtet von ihrem schweren Schicksal, mit diesem ungeheuren Talent auf die Welt gekommen zu sein, mit dieser Stimme, die jeder hören will. Warum ich?, fragt sie, Warum ich? Sie hätte jederzeit eine Familie gegen ihre gigantische Karriere eingetauscht, wenn es jemanden gegeben hätte, der lieber Kinder mit ihr gehabt hätte, als sie wie ein teures Zirkuspferd in die Arena zu schicken und mit ihr Geld zu verdienen. Mein Schicksal ist mein Schicksal, wiederholt sie und schlägt die Augen nieder mit dem dicken schwarzen Lidstrich, den sie sich ihr Leben lang auf die Lider pinselt. Nur ganz am Ende, als Onassis nach der Zeit mit Jackie Kennedy noch einmal zu ihr zurückkehrt, fehlt auf den verwackelten Filmaufnahmen der Lidstrich, und zum ersten Mal sieht man sie lachen.

Betäubt von ihrem Unglück, betört von ihrer Stimme, wandere ich nach dem Film in einen Supermarkt und kaufe seit vielen Jahren zum ersten Mal wieder griechischen Feta. Liegt es an Maria Callas? Von der Insel Lesbos, heißt es auf der Packung. Dort kommen jetzt die Flüchtlinge entkräftet an Land und werden in enge Unterkünfte gepfercht. In der Schule haben wir die Gedichte von Sappho aus Lesbos gelesen, ein alter Griechischlehrer wurde aus der Pensionierung zurückgeholt, um unsere kleine Klasse von dreizehn Mädchen zu unterrichten, ein reizender alter Mann, der Sappho vergötterte und behauptete, uns Mädchen ansehen zu können, wer die Pille nahm. Vor mehr als dreißig Jahren war er der Lehrer meines Vaters gewesen und hatte ihn geohrfeigt, weil er sich geweigert hatte, ordentlich den Hitlergruß zu absolvieren. Warum sprach ich ihn nie darauf an?

Im Schüleraustausch fuhren wir nach Athen, stolperten schwitzend über die Akropolis, betranken uns mit Retsina, stopften uns mit Feta und Gyros voll, sangen später noch ewig die Lieder von Theodorakis und sahen x-mal den Politthriller *Z* von Costa Gavras. Unsere griechischen Austauschschüler kannten die Gedichte von Sappho nicht und lachten über unsere altgriechische Aussprache. Die Großmutter meines Austauschschülers saß den ganzen Tag in einem abgedunkelten Zimmer und hörte Maria Callas. Wir kannten sie höchstens von Fotos in der *Bunten*, in die Oper gingen wir nicht, wir fanden sie spießig und reaktionär, aber zu der Zeit sang die Callas schon nicht mehr, sondern saß in Palm Springs in einem Hippiekleid am Pool und sah mit ihrer dicken Brille und den schulterlangen Haaren Nana Mouskouri zum Verwechseln ähnlich. Mit dreiundfünfzig Jahren starb sie an einem Herzinfarkt, dabei heißt es doch immer, dass Singen so gut fürs Herz sein soll.

N mochte keine klassische Musik oder Opern, bis sie Maria Callas in *Tosca* singen hörte und ihr spontan verfiel. Sie komponierte Jazz-Variationen der Arie *Vissi d'arte, vissi d'amore,* spielte mit der Idee, eine Crossover-Oper zu schreiben, in der auch Sarah Bernhardt auftauchen sollte, für die *Tosca* ursprünglich geschrieben worden war. Immer wieder erzählte N von der späten Sarah, die trotz amputierten Beins weiter auftrat. Sie selbst wollte Sarah spielen, es war alles noch sehr vage, oft hörte ich nicht recht zu, wenn sie mir von der wieder ins Stocken geratenen Entwicklung des Stücks erzählte. Ich hielt N nicht für eine Autorin, mir war unverständlich, dass sie nicht bei der Sache blieb, sondern lange Pausen machte oder durch ein Thema mäanderte, ohne dass es ein konkretes Ergebnis gab. Ich bezweifelte im Stillen auch Ns Kompetenz bei klassischer Musik, sie passte nicht zu ihr, sie war zu europäisch, zu ernst. Ich bewunderte ihre Art, auf der Bühne ihre politische Meinung lustig verpackt zum Besten zu geben, ihren Gesang, der zu avantgardistisch war, um jemals Mainstream zu werden, was sie tief schmerzte.

Sie fragte mich, ob ich mit ihr zusammen das Stück über Sarah Bernhardt schreiben könnte. Ich machte Ausflüchte, lehnte nicht direkt ab, sagte aber auch nie zu. Warum nicht?

Als N krank wurde, nahm sie alle Kraft zusammen und trat wenige Wochen nach der Diagnose auf. Sie sang ihre Jazz-Interpretation von *Vissi d'arte*: Ich lebte für die Kunst, ich lebte für die Liebe … in der Stunde des Schmerzes, warum, warum, Herr, warum entlohnst du mich auf diese Weise? Sie ertrug die Schmerzen, die dramatische Veränderung ihres Körpers, sie machte weiter Witze und warf *chemo parties* mit ihren Freundinnen im Krankenhaus. Mehrmals sagte sie zu mir: Ich frage mich nicht, warum. Ich frage mich eher: Warum nicht ich?

Warum, warum, warum? Warum geschehen die Dinge? Warum tust du, was du tust? Oder warum nicht? Was ist der wirkliche Grund? Wie tief kannst du graben? Hör der eigenen Geschichte zu. Sei nicht taub und blind ihr gegenüber. Sieh dir selbst aufmerksam und neugierig zu und schreib es auf: Wer ist diese seltsame Person? Und was treibt sie in dieser Welt?

Schwimmen

Das Schulschwimmen findet in einem eiskalten Hallenbad statt. Bibbernd stehe ich am Beckenrand, von Kopf bis Fuß nur Gänsehaut. Der Schwimmlehrer, ein bedrohlich großer Mann, hält eine Stange mit Ring ins Wasser, aber wer danach greift, ist ein Baby. Also laufe ich heimlich unter Wasser, mache mit den Armen Schwimmbewegungen, aber trippele mit den Füßen über den glitschigen Boden und glaube, dass man das über Wasser nicht sehen kann. Der Schwimmlehrer kommentiert es nie. So verbringe ich eine Schwimmstunde nach der anderen, bis es heißt, wir würden nun ins tiefe Becken wechseln, da ja alle einigermaßen schwimmen könnten, worauf mich Panik befällt und ich kurz vor der Schwimmstunde furchtbare Halsschmerzen bekomme. Mein Vater legt seine kühle Hand um meinen Hals und befühlt die Mandeln, was ich liebe, und als ich röchele, ich könne kaum sprechen vor Schmerzen, sagt er zweifelnd: na, na, na, aber ich muss nicht schwimmen gehen. Gleichzeitig will ich unbedingt das Freischwimmerabzeichen erwerben, ein weißgesticktes Seepferdchen in einem blauen Kreis, das man sich auf die Badehose nähen lässt. Es ist wie ein Übertritt in eine höhere Klasse, nach dem Schwimmunterricht kann man sich ohne Seepferdchen im Grunde nicht mehr sehen lassen. Ich muss mich also, koste es, was es wolle, ins tiefe Becken wagen, denn größer als die Angst ist nur die drohende Schmach. In den ersten Minuten schlucke ich so viel Chlorwasser, dass ich glaube, sterben zu müssen. Ich huste und pruste und darf mich am Beckenrand ausruhen, aber nur sehr kurz, dann schubst der Schwimmlehrer mich wieder zurück in das bedrohlich dunkle, tiefe Wasser. Verzweifelt versuche ich, mit den Füßen den Boden zu ertasten, aber da ist nichts, rein gar nichts unter mir, ich strampele wie wild – und siehe da, mit einem Mal trägt mich das Wasser. So schwierig ist das also gar nicht, warum hat man mir das nicht gleich gesagt? Ich schwimme! Ich kann tatsächlich schwimmen! Ich habe nun fast gar keine Angst mehr vor der Prüfung, für die man sich fünfzehn Minuten lang im tiefen Becken aufhalten muss, ohne vor Angst laut zu schreien. Das lässt sich machen, das bekomme ich hin, denke ich, und die nächsten Male gehe ich zwar bibbernd und zitternd, aber ohne gesteigertes Herzklopfen zum Schwimmunterricht. Bis der Schwimmlehrer verkündet, wir würden nun für die Prüfung noch den Sprung vom Einser üben. Damit habe ich nicht gerechnet. Die Angst vor diesem Sprung übersteigt die Angst vorm tiefen Becken tausendfach. Ich kann nicht mehr schlafen, kann an nichts anderes mehr denken. Jedes Mal, wenn es an das Üben des Sprungs geht, büxe ich aus der Reihe aus, muss unbedingt aufs Klo oder bekomme einen Hustenanfall und darf mich abseits stellen, oder ich verstecke mich in der Umkleidekabine. Erstaunlicherweise fällt dem Schwimmlehrer nicht auf, dass ich kein einziges Mal vom Einser springe. Ich schäme mich und hasse mich mit meinen sieben Jahren für meine bodenlose Feigheit. Wenn keiner hinsieht, steige ich versuchsweise auf den Startblock und sehe in die Tiefe. Das Wasser erscheint mir unendlich weit weg. Wie kann es sein, dass alle anderen Kinder sich kreischend und lachend hinabstürzen? Nur ich es einfach nicht über mich bringe? Ich bin überzeugt, dass mich dieser Sprung umbringen würde, nur mich. Mit niemandem spreche ich über meine Angst, die von Tag zu Tag größer wird. Der Gang ins Freibad wird zu einem Gang aufs Schafott. Die große Eingangshalle mit den weißen Säulen, die hellblauen Fliesen, die Holzbänke in der Umkleidekabine, der eisige, harte Strahl der Duschen, der kalt tropfende Badeanzug, der Chlorgestank.

Der Tag der Prüfung naht. Ich will sterben, ohnmächtig werden, von diesem Planeten verschwinden. Fünfzehn Minuten paddele ich im Schwimmerbecken herum, was nun ein Leichtes ist, denn vor mir liegt der entsetzliche Sprung vom Einser. Alle Kinder stellen sich in der Schlange auf, ich trödele so lange, bis ich die Letzte bin. Jeder Springer bekommt vom Schwimmlehrer einen Startpfiff, und platsch und platsch und platsch springen alle Kinder ohne Mühe und Furcht ins Wasser. Immer kürzer wird die Schlange vor mir. Mein Herz klopft zum Zerspringen, und dann bin ich an der Reihe. In angstvollen Tippelschritten nähere ich mich dem Einser, als etwas Unerwartetes geschieht: Ein kleines Kind rutscht am Nichtschwimmerbecken aus und weint laut. Der Schwimmlehrer wendet sich kurz ab, um zu sehen, ob alles in Ordnung ist, ich nutze diesen Moment und lasse mich vom Beckenrand ins Wasser rutschen, und bevor der Schwimmlehrer sich mir wieder zuwendet, tauche ich kurz mit dem Kopf unter und schlage mit den Armen um mich, als würde ich nach dem Sprung gerade wieder auftauchen. Der Schwimmlehrer bemerkt nichts. Und auch niemand anders. Alle plantschen vergnügt umher und beachten mich gar nicht. Die Stunde wird mit einem heftigen Triller abgepfiffen, alle haben die Freischwimmerprüfung bestanden. Ich kann nicht glauben, dass mein Betrug nicht in der letzten Sekunde noch auffliegt, aber nein, auch ich bekomme mein Seepferdchen ausgehändigt. Meine Mutter näht es auf meinen Badeanzug, stolz trage ich es, und gleichzeitig erinnert es mich ständig an meinen Betrug. Ich muss von nun an mit einer Betrügerin zusammenleben. Ich schäme mich, und gleichzeitig verspüre ich Triumph. Dass dieser blöde Schwimmlehrer nichts gemerkt hat! Eigentlich herrlich.

Schreib über eine Prüfung, einen Test deines Charakters. Wer hast du geglaubt zu sein, und wer bist du wirklich? Noch einmal das alte Zen-Koan: Wer bist du, wenn dir keiner zuschaut? Beim Schreiben schaust du dir selbst zu, und ob du die Wahrheit schreibst oder nicht, weißt oft nur du allein. Wahr ist, dass ich betrogen habe beim Seepferdchenabzeichen, aber wie der Schwimmlehrer aussah, habe ich vergessen. Da gibt es nur noch ein vages Gefühl – aber war er wirklich groß und grob? Ich beschreibe die Welt so, wie ich sie wahrnehme, mit meinem ganz und gar eigenen Blick. Alles ist meine Interpretation. Ihr auf die Schliche zu kommen bedeutet auch, meinen Blick auf mich und die Welt verändern zu können. Die Welt darf reicher, lebendiger und bunter sein, wenn ich sie nicht mehr mit meiner Interpretation belästige, sondern sie, ohne zu werten, aufmerksam beobachte und notiere.

Blutmond

Alle sind in Aufregung. Die längste Mondfinsternis des 21. Jahrhunderts steht kurz bevor. Mit zwei japanischen Freundinnen und vielen anderen Menschen stehe ich auf einer großen Wiese im Englischen Garten. Es ist immer noch sehr heiß. Langsam wird es dunkel. Vom überall groß angekündigten Blutmond ist nichts zu sehen. Lachend beschwere ich mich, da spricht mich aus dem Dunkeln jemand mit Namen an. Bist du es? Ich erkenne ihre Stimme sofort. Eine Bekannte, die ich mehr als fünfzehn Jahre nicht gesehen habe. Sie erzählt mir, dass sie bald siebzig wird. Unvorstellbar. Ihr Gesicht kann ich in der Dunkelheit nicht erkennen, aber sie klingt frisch und stark wie eh und je, ihre Stimme weht aus der Vergangenheit zu mir.

Der blöde Mond geht gar nicht auf, maule ich, da stupst mich ein Mann mit langen schwarzen Haaren sacht an und deutet hinter die Bäume. Dort ist er ja, der Blutmond! Eher orange und kleiner als gedacht. Ein Raunen wandert in einer Welle über die Wiese. Der Mann sagt, er sei aus Mexiko, dort könne man die Mondfinsternis gar nicht sehen. Wo genau kommt er her? Aus Oaxaca, und im Handumdrehen reden wir über Rezepte für *mole,* die dunkle, scharfe Schokoladensauce. Ich gehe mit ihm durch die Stadt, über den Zócalo, den Markt Benito Juárez, rieche Vanille, Zuckerrohr, Kakao und geröstete Heuschrecken, die *chapulinas*. Haben Sie *chapulinas* gegessen?, fragt er. Klar, sage ich großspurig, und verschweige, dass ich es nur einmal probiert und das Kratzen der Beinchen im Hals in schlimmer Erinnerung habe. Der Hase! Da ist der Hase, rufen meine japanischen Freundinnen. Ihrer Meinung nach sitzt im Mond ein Hase mit langen Ohren und schlägt mit einem Löffel auf den Reis und macht *mochi,* Reiskuchen. Nein, widerspricht meine wiedergefundene Bekannte im Dunkeln, das ist der Mann im Mond.

Ein Mann? Bei euch wohnt ein Mann im Mond? Die Japanerinnen lachen.

La luna, sagt der Mexikaner, ich verstehe nicht, dass der Mond auf Deutsch ein Mann ist. Ihr seid so andersrum. Die Sonne eine Frau, der Mond ein Mann, wie kann man so leben?

Ich erinnere mich an ein Kinderbuch, *Peterchens Mondfahrt*. Es hatte, glaube ich, schon meinem Vater gehört und war mit ganzseitigen Jugendstil-Illustrationen versehen. Peterchen fliegt mit seinem Bett zum Mond und begegnet dort dem Mondmann, groß und furchterregend mit langem Bart, ein Bündel Reisigholz auf dem Rücken. Ihn überblättere ich schnell, betrachte dagegen immer und immer wieder die Königin der Nacht in ihrem Sternenkleid.

Jeden Abend gehe ich mit meinem Kind auf dem Arm kurz noch vors Haus, und wir zeigen auf den Mond.

Ich gehe mit ihm in die *Zauberflöte,* da ist es sechs, und als die Königin der Nacht singt, springt es auf seinen Stuhl und singt laut mit.

Von einem japanischen Tanzlehrer lerne ich, wie man in einer klassisch weiblichen Geste anmutig auf den Mond zeigt.

Im Zen-Kloster lerne ich, dass der Mond die Wahrheit ohne Worte verkörpert, und der Finger, der auf den Mond zeigt, nicht die Wahrheit selbst ist. Ein amerikanischer Lehrer fasst diese philosophische Erkenntnis so zusammen: Die Speisekarte ist nicht das Essen.

Von meiner Mutter lerne ich, den abnehmenden und zunehmenden Mond nach der alten Schreibschrift für a und z zu unterscheiden.

Im Biologieunterricht lerne ich, dass der Mond den Zeitpunkt der Menstruation beeinflusst und mit dem Vollmond synchronisiert, wenn man sich dem Mondlicht lange genug aussetzt. Stimmt das?

Mein Lieblingsschlaflied ist »Der Mond ist aufgegangen, die goldnen Sternlein prangen am Himmel hell und klar«. Ich summe es vor mich hin, meine alte Bekannte singt im Dunkeln mit. Am Himmel steht kein einziger Stern.

Der Blutmond wird nicht größer und auch nicht röter. Wie eine mickrige Apfelsine versinkt er bereits wieder hinter den Baumwipfeln. Auf einer Decke vor uns sitzen Eltern mit ihrem Kind. Die Mutter sagt zum Kind: Schau gut hin. Die nächste Mondfinsternis kommt erst in hundert Jahren, du wirst sie nie wieder sehen. Du nicht, sagt das Kind, ich schon.

Schreib über den Mond. Ich erinnere mich an den Mond … Schreib jetzt gleich. Sofort. Denk nicht nach. Das Koan vom Finger, der auf den Mond zeigt, bedeutet auch, dass man nicht zu viel von einem Lehrer und von Theorien erwarten soll. Just do it.

Ein anderes Koan: Ein junger Mönch fragt den alten Mönch: Ich bin gerade ins Kloster eingetreten. Bitte lehre mich. Der Alte fragt: Hast du gegessen? Ja, sagt der junge Mönch. Dann wasch deinen Teller ab, sagt der Alte.

Schreiben wie abwaschen. Aber nicht abwaschen statt schreiben!

Yoga

In einer winzigen Buchhandlung in Colorado Springs, in der ich viele Stunden zubringe, weil es sonst nichts gibt in diesem Städtchen außer sehr viel Landschaft ringsum, finde ich ein gebrauchtes Taschenbuch mit Schwarzweißfotos einer streng blickenden älteren Frau in einem scheußlichen weißen Badeanzug, die Yogaposen vorturnt. Ständig habe ich Rückenschmerzen, weil ich mein Kind wahrscheinlich völlig falsch in einem Tuch herumtrage. Also beginne ich, mit diesem Büchlein Yoga auf dem schäbigen Teppich in unserem Uni-Apartment zu üben: den nach unten schauenden Hund, die Kobra, Kamel, Fisch und Adler. Mein Rücken erholt sich zwar nicht, aber es hilft gegen die bleierne Müdigkeit. Das Kind bleibt über Wochen stur bei seinem deutschen Zeitgefühl und ist nachts wach wie eine Knallerbse. Ich muss den ganzen Tag unterrichten und weine manchmal vor Müdigkeit. Tagsüber schläft das Kind tief und fest in der Unikrippe. Mein Mann ist mit nach Colorado Springs gekommen, er will allein umherstreifen und fotografieren. Ich verstehe das, wie gern hätte ich freie Zeit, um zu schreiben oder einfach nur Löcher in die Luft zu gucken, aber ich muss Geld für uns verdienen. Zorn wütet in mir, den ich aber nie äußere, weil ich fürchte, dass er aus dem Haus gehen, ins Auto steigen und lange nicht zurückkommen könnte. Als explosiven Wüterich habe ich ihn kennengelernt, der ab und zu durchknallte, in einem Hotelzimmer mit der Axt ein Loch in den Boden hackte, mit schweren Filmkameras um sich warf, sturzbetrunken Auto fuhr und sich ein Auge dabei zuhielt, um nicht doppelt zu sehen, Polizisten anfiel und verprügelte. Den meisten machte er in diesem Zustand Angst, mir nicht.

Seit das Kind da ist, ist er nie mehr wütend. Als es auf die Welt kommt, weint er. Nein, das Kind würde er nie verlassen, dieses Kind nie. Von der ersten Minute an sind sie symbiotisch miteinander verbunden, sie haben die gleiche Haut, den gleichen Rhythmus, die gleiche meditative Langsamkeit. Am Morgen höre ich vom Badezimmer aus, wie er mit dem Kind albert und kichert, singt und plappert. So ist er nur mit dem Kind.

Er fährt im Schneesturm nach Telluride zu einem Filmfestival, ich bleibe mit dem Kind allein zu Hause, habe Angst und mache deshalb pausenlos Yoga. Am Telefon erzähle ich N davon, sie lacht mich aus, findet Yoga esoterisch und blöd. Sie trinkt und raucht noch, während ich mit allem aufgehört habe und mir langweilig und spießig vorkomme. Die Yogalehrerin in meinem Buch hat die Frisur und Humorlosigkeit einer evangelischen Pastorin. Wird man am Ende so, wenn man zu viel Yoga macht? Ich sitze am Fenster und stille mein Kind, schaue auf den schneebedeckten, 4300 Meter hohen Pikes Peak in den Rocky Mountains, benannt nach Zebulon Pike, der 1806 die Pike-Expedition angeführt hat. Zebulon, was für ein Name! Ich schaue hinaus und singe immer dasselbe Lied: *Row, row, row your boat / Gently down the stream. / Merrily, merrily, merrily, merrily, / Life is but a dream.* Ich weiß gar nicht mehr, wer es mir beigebracht hat. Mein ganzes Leben lang singe ich dieses Lied. In Augenblicken größter Bedrängnis erscheint es mir wie die ultimative Wahrheit.

Er kommt zurück aus Telluride. Wir liegen zu dritt im Bett, wir sehen amerikanisches Fernsehen, er macht Polaroids von den Bildern auf der Mattscheibe, bevor es irgendjemand anders macht, aber er möchte seine phantastischen Fotos nicht zeigen, nicht anbieten, nicht verkaufen. Er hasst die Krämerseelen, den Kommerz, den künstlerischen Ausverkauf. Ich gehe arbeiten, und manchmal ist mir schwindlig vor Erschöpfung.

Wir gehen spazieren durch die bizarren Felsformationen im *Garden of the Gods,* und jedes Mal weint dort das Kind, und ich weine manchmal mit. Ich kann nicht mehr. N kommt zu Besuch und nimmt uns einen Abend das Kind ab, der erste Abend, an dem wir wieder zu zweit und ohne Kind sind. Das fühlt sich so seltsam an, dass wir nur über das Kind reden. Wir kommen frühzeitig zurück, das Kind mochte nicht zu N auf den Arm, und jetzt weint N.

Sie schenkt dem Kind ein Schlaftier, das es von der ersten Sekunde an abgöttisch liebt. Für das Schlaftier werden Geschichten erfunden und geschrieben, es wird hundertfach gemalt und fotografiert, und immer wieder verloren. Wir fahren von einer Klinik in einer anderen Stadt nach Hause, mein Mann hat eine schwere Operation hinter sich, aber er fährt selbst, unbedingt will er selbst fahren. Er will seine Cowboystiefel tragen, am Steuer sitzen und über die Autobahn fahren.

Ein schmaler Halbmond mit Abendstern steht am Himmel, wir fahren heim als Familie, wir sind alle drei noch da. Glücklich und gleichzeitig todtraurig, weil es nicht das gute Ende der Geschichte ist, nur ein Aufschub. In einer Raststätte vergessen wir das Schlaftier und merken es erst zweihundert Kilometer später. Ohne ein einziges Wort dreht er um, und wir rasen zurück, wir werden das Schlaftier wiederfinden, es darf nicht verloren sein. Ich habe Herzklopfen vor Angst, bekomme Atemnot wie in all den Panikzuständen seit der Erkrankung meines Mannes, das Schlaftier wird zum Symbol für alles, was wir zu verlieren drohen. Wir stürzen in die Raststätte, ich sehe uns hineinrennen und laut rufen, das Kind sitzt in seinem Kindersitz im Auto und schläft tief, es hat noch gar nichts bemerkt, wie sollen wir ihm den Verlust erklären? Aber da wedelt der Mann hinter der Kasse schon mit dem zerzausten Tier. Überglücklich nehmen wir es entgegen, noch einmal sind wir gerettet.

Es reist überallhin mit uns dreien, und später allein mit mir und dem Kind nach New York zu N. Sie hat inzwischen eine fette, schlechtgelaunte Katze namens Booboo, sie lässt uns allein mit ihr, obwohl wir doch nur wegen N gekommen sind, aber ein möglicher Boyfriend ist am Horizont aufgetaucht, und sie will ihm hinterherfahren. Die Katze mag uns nicht, und wir mögen die Katze nicht und verbringen jede freie Minute außerhalb der Wohnung. Das Kind trägt eine rote Zipfelmütze, und jeder zweite Passant sagt zu ihm: *I love your hat.*

N kommt nach wenigen Tagen ohne Boyfriend und mit Liebeskummer zurück. Um sich zu beruhigen, geht sie sofort zum Yoga. Wir begleiten sie in ein Loft zu einer eleganten Yogalehrerin, die in einem großen Korb Knochen bereithält, um die *asanas* besser illustrieren zu können. Handelt es sich um echte menschliche Knochen? Begeistert spielt das Kind mit ihnen, während ich mich mit der Iyengar-Yogamethode, die ich nicht kannte, abmühe. Von den Wänden hängen Seile, überall liegen Decken, Gurte und Klötze herum. N ist groß und steif, aber tapfer absolviert sie alle Übungen, lässt sich nicht entmutigen, macht sich lustig über ihren großen Hintern, der ihr ihrer Meinung nach bei den Übungen im Weg ist. N kommt die nächsten fünfundzwanzig Jahre zwei Mal in der Woche hierher. Sie schwört von nun an auf Yoga.

Als sie krank wird, besucht ihre Yogalehrerin sie zu Hause und macht mit ihr Übungen, die ihr Erleichterung bringen. Sie vergrößere den Platz in Ns Inneren, sagt sie. N brauche außen keinen Platz mehr, nur noch innen. *The space inside.*

Zurück in München bricht das Kind auf der Straße in Tränen aus. Niemand mag meine Mütze, schluchzt es, und es stimmt: Niemand hat es angesprochen, niemand ihm zugelächelt, niemand seine Mütze gelobt.

Ich suche in München eine Yogalehrerin, und gleich um die Ecke finde ich eine etwa siebzigjährige, spindeldürre Frau mit streng zurückgekämmten grauen Haaren. In ihrer Wohnung riecht es nach Kohl, sie isst nur Kohl, wie sie stolz sagt, sonst nichts.

Gott wohnt in den Gelenken!, ruft sie gern und schlägt uns mit einem kleinen Stock auf ungenügend gestreckte Gliedmaßen. N kann nicht genug bekommen von Geschichten über sie. Wir telefonieren in der Position des nach unten schauenden Hundes und lachen uns kaputt.

Schreib über etwas, was du mit Disziplin machst – und wenn es nur Zähneputzen ist. Schreiben braucht Disziplin wie Sport. Der Schreibmuskel ist ein Muskel, der verkümmert, wenn man ihn nicht trainiert. Es fällt einem dann wieder ungeheuer schwer zu schreiben. Aber jeden Tag nur ein bisschen Bewegung, ein wenig Stretching, das reicht. Zehn Minuten, nicht mehr. Zehn Minuten sind immer zu schaffen, da greift die Ausrede nicht, man habe keine Zeit. Stell dir den Wecker. Zehn Minuten, während die Spaghetti kochen, das Bad besetzt ist, der Bus nicht kommt. Im Flugzeug, im Wartezimmer. Nur zehn Minuten.

Die Chance, dass es dann doch mehr werden, ist groß. Aber auch nur zehn Minuten hinterlassen das Gefühl, etwas geschafft und geschaffen zu haben, aktiv und kreativ gewesen zu sein. Sie bringen einen in Kontakt mit dem eigenen Leben. Danach fühlt man sich lebendiger.

Überall sind kleine Zeit- und Wartefenster versteckt, die wir inzwischen meist mit Daddeln auf dem Handy verbringen. Stattdessen zu schreiben ist eine Art Ermächtigung: Man holt sich die Zeit zurück. Verpasst sein eigenes Leben nicht mehr.

Kindermuseum

Ich hocke auf einem winzigen Plastikkinderstuhl, die Knie fast unterm Kinn, als N mir sagt, dass sie unsere Freundschaft beenden will. Mein Kind kriecht durch bunte Plastikschläuche. Ich verstehe nicht. Das Kind sieht aus Fenstern, die wie Blumen geformt sind, und ruft uns zu: Könnt ihr mich sehen? Ich möchte unsere Freundschaft beenden, sagt N, und dann sagt sie nichts mehr. Warum? Warum? Warum denn nur? Sie schweigt. Erklär es mir, ich versteh nicht! Ganz ruhig sieht sie mich an, warum ist sie so ruhig? Meine Therapeutin denkt, es ist besser für mich. Die Therapeutin? Die habe ich ein paarmal auf Konzerten von N gesehen, eine schmale, dunkelhaarige, hübsche und, wie ich dachte, sympathische Person. Seit so vielen Jahren geht N jede Woche mindestens einmal zu ihr, verschwindet in der Houston Street in einem großen weißen Apartmentgebäude, während ich eine Stunde lang durch die Straßen wandere, auf einem Spielplatz, in einem Buchladen oder Café sitze. Wenn sie zurückkommt, wirkt sie manchmal, als hätte sie getrunken. Sie spricht langsam, undeutlich, ein wenig wirr.

Oft habe ich N vorgerechnet, dass sie sich für das Geld, das sie der Therapeutin bisher bezahlt hat, einen fetten Mercedes hätte leisten können und bald ein Segelboot. *Oh Lord, won't you buy me a Mercedes Benz,* singt N daraufhin. Wie gut sie singen kann, immer wieder bewundere ich ihre Stimme. *My friends all drive Porsches, I must make amends …* Sie verdient kaum Geld mit ihrer Musik, lebt von den Dividenden ihres *trustfunds*. Immer ist sie jedoch fast pleite, warum gibt sie 120 Dollar pro Stunde für die Therapeutin aus? Und das seit so vielen Jahren? Ich verstehe das nicht.

Und jetzt meint deine Therapeutin, es sei besser für dich, unsere Freundschaft zu beenden?

Ich darf nicht darüber sprechen, sagt sie, und dann sagt sie auch nichts mehr. Seit über zwanzig Jahren sind wir unzertrennlich, über den großen Teich hinweg, und jetzt verfügt ihre Therapeutin, sie solle sich von mir trennen? Ich laufe aufs Kinderklo, um dort zu weinen. Sitze auf einem Kinderklo und heule mir die Seele aus dem Leib. Schluchze bis in die Tiefen meines Körpers, es ist Arbeit, Heularbeit, ich kann nicht mehr aufhören zu heulen. Sie kommt nicht, um nach mir zu sehen. Ich höre Kinder rechts und links in den Kabinen quieken und rufen, neugierig schauen sie über die niedrigen Trennwände, ich heule weiter, ich weine um meinen Mann und um N, und am meisten weine ich um mich.

Ich weine darüber, dass ich mich nur noch in einem Land der Trauer befinde und dort nicht mehr rauskomme. Wie kann sie mir das antun? Warum warum warum? Was habe ich ihr getan? Was ist so schrecklich an mir? Bin ich nicht gut für sie? Wie kann ich anders sein? Habe ich zu viel über mein Leid geredet in den letzten Jahren, zu sehr ihre Freundschaft in Anspruch genommen, ohne etwas zurückzugeben? Ist es das? Ist das Gleichgewicht zerstört? Kann ich es jemals wieder ausgleichen?

Ich weiß nicht mehr, wie wir das Kindermuseum verlassen haben, ob wir uns danach noch gesehen haben. Weiß nicht mehr, wie oft ich sie angerufen, ihr Briefe und Mails geschrieben habe. Ich bekomme keine Antwort mehr von ihr.

Zwei Jahre später. Der elfte September 2001. Das erste Flugzeug ist ins World Trade Center geflogen. Ich renne nach Hause, ein Freund wartet, ich habe vergessen, dass wir verabredet waren. Er sitzt im Rollstuhl, er wurde in Vietnam geboren. Als Baby im Bombenhagel der Tet-Offensive der Amerikaner schwer verletzt. Seine Mutter schleppte ihn blutend zum Flughafen und übergab ihn einer Terre-des-

Hommes-Mitarbeiterin, die ihn nach Deutschland brachte.

Wir sitzen zusammen vorm Fernseher und sehen etwas, das niemand begreift und doch gerade geschieht, und genau das begreifen wir nicht. Ich denke: Das wird das Leben meines Kindes für immer verändern. Es wird auf eine Art und Weise Angst haben, die ich nicht kannte, als ich jung war. Wie im Traum stehe ich auf und gehe zum Telefon, wähle ihre Nummer, und sofort ist sie dran.

Von dem Augenblick an sind wir wieder befreundet wie zuvor. Wir sprechen nie wieder von der Zeit, in der wir es nicht waren, bis kurz vor ihrem Tod. Wir sitzen auf dem Sofa, die Katzen spielen zu unseren Füßen, durch die großen Fenster sehen wir weit über New York. Gerade noch war alles gut. Sie wohnt mit ihrem Mann in einem schönen Apartment, seit ein paar Jahren lehrt sie an der NYU Gesang, sie fühlt sich gut und gesund und schafft sich mit fast sechzig Jahren zum ersten Mal in ihrem Leben Dinge an wie andere mit dreißig oder vierzig: eine Küche, Einbauschränke, eine teure Matratze.

Es tut mir so leid, sagt sie mit einem Mal, dass die Therapeutin mich überreden konnte, den Kontakt zu dir abzubrechen.

Warum?

Sie hebt die dünnen Schultern. Sie ist jetzt so mager. So dünn, wie sie immer sein wollte.

Dein Erfolg hat mich verletzt.

Aber der war mir doch nie wichtig, sage ich.

Dir nicht. Aber mir. Ich bin Amerikanerin, vergiss das nicht. Und du hast ihn nicht ernst genommen, das war so überheblich.

Ich habe versucht, ihn nicht ernst zu nehmen, weil ich Angst vor ihm hatte.

Eine Weile lang sagt sie nichts. Aber dann wollte die Therapeutin, dass ich mich auch von meinem Mann trenne, und da habe ich es langsam kapiert. Sie wollte mich allein für sich. Sie war in mich verliebt. Schon immer. Über zwanzig Jahre lang. Die Arme.

Wir lachen und lachen und lachen, wie wir früher immer gelacht haben, bis wir nicht mehr können, wir uns erschöpft hinlegen müssen. Nebeneinander liegen wir auf der Couch und lauschen den Geräuschen der Stadt, dem Verkehr, den Hubschraubern, den Polizeisirenen und Ambulanzen.

Manchmal geht gar nichts mehr. Eigentlich geht ziemlich oft gar nichts mehr, wenn ich ehrlich bin. Keine Ideen, keine Energie, keine Kraft. Und dennoch schreiben. Aber was? Wenn nichts mehr geht, schreibe ich über den vergangenen Tag. Ver-

suche, mich an die Details zu erinnern. Manchmal schlängelt sich ein Thema durch den Tag wie eine kleine Schlange, und es gilt, sie im Dschungel zu entdecken. Wenn man genau hinschaut, hat jeder Tag seine Schlange. Manchmal nur eine sehr kleine, manchmal eine giftige grüne Mamba, manchmal eine ganz und gar harmlose Blindschleiche.

Ein Tag

Es ist ein Samstag im August, noch früh, und dennoch schon brütend heiß. In der Zeitung stoße ich auf die Todesanzeige eines Freundes, den ich in der letzten Zeit wenig gesehen habe. Um ehrlich zu sein, habe ich ihn gemieden, er wirkte so grau und deprimiert. Ich sitze im Bett, die Sonne scheint auf mein geschwollenes Knie, das einfach nicht mehr abschwellen will. Ich erinnere mich an eine buddhistische Fabel, die von einem gelehrten Mönch erzählt, der überall im Land vor vielen Leuten lehrt und dem der Erfolg zu Kopf steigt. Mit einem Mal schwillt sein Knie an und beginnt mit ihm zu sprechen: Wer wärst du ohne mich? Der Mönch sagt: Genau der, der ich bin. Ich brauche dich, mein Knie, nicht, ich kann auch im Sitzen lehren. Das Knie schwillt daraufhin weiter an, bis es so groß ist wie ein Fußball, und immer noch behauptet der Mönch, er könne gut auf sein Knie verzichten. Also schwillt das Knie noch weiter an, es wird so groß, dass der Mönch nicht mehr hinter seinem eigenen

Knie hervorschauen kann und seine Schüler ihn nicht mehr sehen können. Daraufhin kommen sie nicht mehr, er muss aufhören zu lehren, verliert Ruhm und Auskommen, aber sein Knie schwillt ab, er kann wieder laufen und wandert nun als Bettelmönch durch die Welt.

Ich bin keine berühmte Lehrerin, und es sind Semesterferien. Einen Tag habe ich in Japan als Bettelnonne verbracht. Bin mit anderen Mönchen bei bitterer Kälte in Strohsandalen von Haus zu Haus gegangen, habe ein Sutra gesungen und in tiefer Verbeugung darauf gewartet, dass jemand aufmacht. Es waren nie die Reichen, immer nur arme, alte, gebückte Frauen, die ein paar Münzen in die Schale in meinen Händen warfen.

Es sind Sommerferien, fast alle sind verreist außer einer Freundin, die aber nicht ans Telefon geht. Die weißen Vorhänge bewegen sich im Wind, im Hof plätschert ein Springbrunnen. Ein Gefühl von Einsamkeit weht herein. Ich ziehe mich an, humpele zum Einkaufen. Die Leute in der Schlange vor der Kasse sind wegen der Hitze gereizt. Vor mir legt ein hagerer Mann in Radlerhosen sieben Flaschen Sekt auf das Rollband. Ich frage die Kassiererin, wo denn das neuerdings mit Laser-Tattoo gekennzeichnete Gemüse zu finden ist, mit dem der Supermarkt sich im Netz brüstet, den Plastikberg abzutragen.

Immer wieder habe ich mich darüber aufgeregt, dass das Biogemüse nur zwecks Unterscheidung an der Kasse in Plastik eingeschweißt ist. Aber von der tollen Neuerung haben die Mitarbeiter noch nichts gehört. Die Kassiererin legt den Kopf schief, und ich sehe ihr an, dass sie denkt, die spinnt. Laser-Tattoo … Da ich das Gemüse lose aufs Band lege, muss sie es danach abwischen. Das passt ihr nicht. Sie ist unfreundlich. Meine kleine Diskussion hat mich erschöpft. Ich wanke durch die Hitze heim. Weiß nicht, wohin mit mir, und setze einen Pizzateig an, obwohl ich höchst selten Pizza esse, aber Backen ist ein Akt mit kleinem Aufwand und großen Erfolgschancen.

Die Freundin ruft zurück und fragt, ob wir zusammen an den Starnberger See fahren wollen. Ja!, rufe ich begeistert, springe in meinen Badeanzug und hole sie mit dem Auto ab. Sie ist vor kurzem in Rente gegangen und erzählt von Freunden, die fast ebenso alt sind, aber penetrant von ihren unglaublichen Erfolgen auf allen Gebieten erzählen. Sie gehen in den Gym, laufen Marathon, hungern sich das letzte Quentchen Fett vom Leib, tragen schicke Klamotten und sind in ihren Jobs so überaus erfolgreich. Alle arbeiten noch und haben sogar Spaß an ihrer Arbeit, ruft sie, ich bin so neidisch!

Lächerlich, sage ich, alle tun doch nur so.

Wir stehen im Stau. Alle fahren an den See. Idiotisch lange umkurven wir den Parkplatz, bis wir einen freien Platz ergattern. Die Liegewiese ist bis auf den letzten Zentimeter besetzt. Wir klemmen uns unter einen mickrigen Strauch, der kaum Schatten gibt. Vor uns liegt eine junge Mutter mit Baby in einem rosa Flamingo-Schwimmreifen und liest ein Buch. Ich kann mich nicht erinnern, jemals so entspannt mit Säugling ein Buch gelesen zu haben. Ich habe die Zeit mit Baby so genossen, sagt meine Freundin. Ich nicht. Ich habe sechs Wochen nach der Geburt wieder gearbeitet und war ständig übermüdet und zerrissen. Neben mir fläzt sich ein alter Mann mit tiefbrauner Lederhaut, seine dicke Frau mit Hüft-OP-Narbe liegt neben ihm auf dem Rücken und sieht in die Luft. Sie sprechen nicht. Kaum jemand spricht. Die Hitze macht stumm. Meine Freundin untersucht mein Knie und befiehlt mir, einen Termin mit ihrer Physiotherapeutin auszumachen. Wir schwimmen im lauwarmen See. Das Wasser ist so stark verdunstet, dass man bis weit in den See hinein stehen kann. Die Segelboote dümpeln vor sich hin. Kleine Kinder mit orangefarbenen Schwimmflügeln rennen über den Steg. Die Zeiten geraten durcheinander. Ich bin junge Mutter und alt werdende Frau gleichzeitig. Fühle mich einsam trotz Freundin, weiß auch nicht, warum. Wir fahren heim. Meine Freundin ist verabredet. Wieder weiß ich nicht recht, wohin mit mir. In einem kleinen Kino in der Innenstadt wird *La Strada* von Fellini gezeigt. Die Geschichte der armen, kleinen Gelsomina, die von ihrer Mutter an den groben Zirkusartisten Zampano verkauft wird. Zwei nackte Existenzen, die aneinandergekettet sind und zwischen Zuneigung und Ablehnung hin- und herschwanken. Wozu bin ich überhaupt auf der Welt?, weint Gelsomina, und ein Trapezkünstler drückt ihr einen Stein vom Wegesrand in die Hand und behauptet: Jeder ist für irgendetwas gut. Selbst dieser Stein hier. Wofür ist der Stein gut?, fragt Gelsomina zurück, und der Trapezkünstler weiß keine Antwort. Gelsomina liebt den brutalen Zampano, und als es zu spät ist, liebt er sie auch. So traurig, so schön. Getröstet verlasse ich das Kino in die beginnende blaue Nacht. Nach Hause in die Wohnung mag ich nicht zurück, weil es noch immer heiß ist. Ich gehe an den Bronze-Löwen vor der Residenz vorbei, denen man mit der Hand über die Nase fährt, um Glück zu haben. Jedes Mal wieder wundere ich mich über meinen Aberglauben, ich kann es nicht lassen, ihnen schnell und heimlich über die Nase zu fahren. Es sind vier Löwen. Muss man allen die Nase putzen? Bringt es Unglück, wenn man es nur bei dreien macht?

Ich denke an den glücklosen Freund, der gestorben ist. Einmal habe ich mich sogar vor ihm versteckt, als ich ihn auf der Straße sah, weil ich keine Geduld für sein immer gleiches Unglück hatte. Ich radele durch die warme Nacht zu einem Eiscafé in der Nähe seiner Wohnung und trinke einen Campari auf ihn. Neben mir sitzt eine sehr alte Dame mit Glatze. Ihr Begleiter oder Mann redet von früheren Zeiten, als sie noch auf dem Motorrad nach Italien gebraust sind. Eine leere, kürbisgelb erleuchtete Straßenbahn fährt quietschend vorbei. Hinter mir hechelt ein Husky. Ein Mann sagt: Ihr Hund geht bei der Hitze bestimmt gern ins Wasser.

Nee, sagt der Besitzer, Wasser mag er gar nicht.

Und was kostet so ein Tier?

1500 mit guten Papieren.

Aber der will bestimmt früh raus.

Nein, der hält gut aus bis zwölf.

Das ist gut. Ich kann das überhaupt nicht haben, wenn die Viecher so früh rauswollen.

Aber so lernt man die Natur kennen.

Ach, die Natur.

Das Gespräch hinter mir erstirbt. Die Frau mit Glatze erhebt sich mühsam. Ihr Mann hievt sie liebevoll und vorsichtig in einen Rollstuhl. Gibt ihr eine Leuchtlaterne in die Hand. Sie ziehen von dannen. Man sieht die Laterne noch lange leuchten in der samtblauen Nacht. Ich gehe heim. Der Pizzateig ist aufgegangen. Wie ein kleines weiches Kissen liegt er in der Schale, leise höre ich ihn seufzen. Ich fühle mich weder einsam noch allein.

Und? Wo war die Schlange?

Gespenster

Wir drehen einen Film in der Zone von Fukushima. Er handelt von Verlust. In den leeren Häusern liegen überall Scherben, Müll, Unrat, Überbleibsel vergangener Leben. Alte Fotos. Kinderspielzeug. Eine Sandale. Geschirr. Kaputte Futons. Kissen. Küchengeräte. Alles bedeckt von einer dicken Schicht Staub. Wir dürfen nichts anfassen, uns nicht hinsetzen. Unsere Schuhe sollen wir ausziehen, bevor wir in unser Zimmer gehen. Unsere Taschen draußen lassen. Uns gründlich die Haare waschen. Die Radioaktivität geht langsam zurück, aber immer noch ist sie an manchen Stellen hoch. Der gelbe Geigerzähler ist unser treuer Begleiter, ein deutscher Geigerzähler. Der russische wäre billiger gewesen, aber die Japaner raten uns zu einem deutschen, dem vertrauen sie mehr. Wir sind in einer Containerunterkunft untergebracht, auf der anderen Straßenseite liegt ein kleiner Supermarkt, nebenan ein Krematorium, ein Puff. Alles, was man braucht, scherze ich.

Wir wohnen mit Bauarbeitern zusammen, die die radioaktive Erde abgraben, in schwarze Plastiksäcke packen, die niemand mehr abholen wird. Wir sehen uns im Frühstücksraum. Es sind kräftige, schweigsame Männer, die sehr schnell sehr viel essen. Abends treffen wir uns wieder an der einzigen Waschmaschine. Wenn wir nicht pünktlich die Waschmaschine ausräumen, falten die Bauarbeiter unsere Wäsche sorgfältig zusammen wie Origami. Wir trinken viel. Der Drehort deprimiert uns, das Wissen um die Leute, die in den Häusern durch das Erdbeben und den Tsunami umgekommen sind.

Überall, sagen die Überlebenden, lauern Gespenster, Menschen, die vom Tod überrascht wurden und nicht glauben können, dass sie tot sind. Sie klammern sich an die Lebenden und lassen sie nicht mehr gehen. Wir haben Mühe, Statisten zu finden, denn niemand möchte von einem Gespenst heimgesucht werden. Jeden Tag gehen wir ins Gespenstergebiet. Die Frösche quaken laut. Das Gras weht im Wind. Alles ist so ruhig, so friedlich. Der Geigerzähler schlägt nicht mehr aus. Aber wir ziehen weiterhin unsere Schuhe aus, lassen unsere Taschen vor der Tür. Die Containerzimmer sind so klein, dass man sich kaum umdrehen kann, die Badewanne so groß wie andernorts ein Waschbecken. Meine papierdünne Wand wackelt vom Schnarchen des Bauarbeiters nebenan. Ich kaufe mir ein Blümchen im Topf, Kapuzinerkresse wie zu Hause, und begieße sie jeden Tag. Sie blüht in leuchtendem Orange, jeden Tag produziert sie neue Blüten, die einzige Farbe weit und breit. In den grauen Kunststoffvorhängen hängt der Zigarettenrauch der Bauarbeiter. Seit fünf Jahren graben sie die Erde ab. Ein Ende ist nicht in Sicht.

Zerschlagen und erschöpft kommen wir von der Arbeit heim und verschwinden wortlos in unseren Zimmern. N ruft mich an. Ich habe schlechte Nachrichten, sagt sie. *The doctor said: I don't like what I see.* Nicht operabel. Ich zwinge mich, nicht zu weinen. Ich sage: *It's going to be OK,* so, wie sie es mir unzählige Male gesagt hat, und obwohl ich wusste, dass es nicht OK sein würde, hat es mich getröstet.

Ich träume, dass die schlimme Nachricht nur ein Traum war. Ich wache auf und erinnere mich. Ich weine in meinem kleinen Zimmer, bis ich wieder zur Arbeit muss.

Wir stehen im Dunkeln vor dem zerstörten Haus, einige mutige Statisten spielen für uns die Gespenster. Eine junge, bildschöne Geisha ist aus Tokyo gekommen. Sie singt ein Lied, das in der Dunkelheit klingt wie eine Gespensterklage. Die Frösche quaken lauter. Die Statisten möchten nach Hause, es ist ihnen unheimlich.

Ich sammle Bilder und Zeichnungen von japanischen Gespenstern. Es gibt die furchterregenden und die traurigen, es gibt die Frauen, die betrogen und nicht geliebt wurden, sie steigen aus dem Wasser auf, aus tiefen Brunnen, das lange schwarze Haar verbirgt ihr Gesicht. Es gibt aber auch die lustigen Geister, beleidigte Haushaltsgeräte wie der alte Besen, der einfach ersetzt wurde und unbeachtet im Schrank steht, oder das kaputte Handy, der angeschlagene Teller, der ausrangierte Computer. Sie ärgern uns im Alltag, sie unterminieren unsere Gewissheit, die Welt im Griff zu haben. Schon fällt uns die Tasse aus der Hand, der Computer gibt den Geist auf, die Waschmaschine spinnt. Alles ist beseelt.

Ich liege auf meinem schmalen Bett und versuche, eine alte japanische Flöte zu spielen, um mich zu beruhigen. Sie heißt Shakuhachi, allein der Name bringt mich zum Lächeln. In einem Flötenladen in Tokyo wiegen die Verkäuferinnen bedenklich die Köpfe, als ich erwäge, eine Shakuhachi zu kaufen. Zu schwierig sei das Spiel, meinen sie. Und tatsächlich bekomme ich seit Wochen keinen einzigen Ton aus ihr heraus, aber sie zwingt mich, tief ein- und auszuatmen. Nur deshalb habe ich sie mir gekauft, denn eigentlich kann ich Flötenspiel nicht ausstehen. War als Kind im Blockflötenunterricht, hab den Klang nie gemocht. Aber ein befreundeter Biofeedbackspezialist hat mir erzählt, dass das längere Ausatmen den Parasympathikus beruhigt und man besser schlafen kann. Und irgendwo habe ich gelesen, dass Zen-Mönche die Shakuhachi spielen, um sich auf ihren Atem zu konzentrieren. Also atme ich Abend für Abend in die Flöte. Zwar ohne Ton, aber sie beruhigt mich.

Zwei Monate später, nach den Dreharbeiten in Fukushima, liege ich auf dem Bett in einem Hotelzimmer in Tokyo, das mir nach dem Containerzimmerchen riesig erscheint, und schnaufe wie gewohnt in meine Flöte, als mit einem Mal ein ganz tiefer, gespenstischer Ton erklingt, als wache sie erstaunt auf aus langem Schlaf.

Einen Augenblick bin ich mir nicht sicher, wer da eigentlich spielt, wer der Flöte diesen seltsamen Ton entlockt, dann spiele ich begeistert und ohne Rücksicht auf andere Hotelgäste immer wieder und wieder diesen einen Ton. Ich kann nur ihn spielen, sonst keinen. Ich spiele ihn N am Telefon vor. Sie lacht und nennt die Flöte Shakufuckyou. Bald spiele ich drei, dann vier, dann sogar sechs Töne. Stolz spiele ich N in New York vor, nirgendwo fahre ich mehr hin ohne die Flöte im Gepäck. Zen-Mönche spielen sie auf der Straße mit einer Art Bienenkorb über dem Kopf, um ganz und gar anonym zu sein.

Das wäre doch eine hübsche Beschäftigung für dich, zieht mich N auf, alle Blicke auf dich ziehen und dich gleichzeitig verstecken.

Sie gibt ihr letztes Konzert. Alle Freunde sind gekommen und bemühen sich, nicht zu heulen. In den Pausen nimmt sie Schmerztabletten. Sie singt *With a Little Help from my Friends.*

Als sie gestorben ist, spiele ich nachts allein in meinem Bett für sie. N sitzt neben mir. Lacht. Sagt: *You and your shakufuckyou.*

Schreib über Gespenster. Geister. Ich nenne sie Erinnerungen. Die Toten begleiten uns. Mit einem Mal sind sie da. In unseren Gedanken oder für manche auch in der Realität. Wo ist der Unterschied? Wir brauchen die Toten. Sie schreiben uns Postkarten von der anderen Seite.

Schreib über deine Toten.

Medizin

Nichts heilt besser als die kühle Hand des Vaters auf ihrer Stirn, um die Temperatur zu prüfen, der sanfte Druck auf ihren Hals, um die Mandeln abzutasten. Alles wird wieder gut. Jede Krankheit geht vorbei. Die Tage, in denen sie noch nicht vorbei ist, sind endlos, die Mutter macht verhasste, aber wirkungsvolle Halswickel. Eine stinkende braune Salbe wird auf den Hals geschmiert, die auch bei geschwollenen Pferdebeinen hilft, darüber kommt Frischhaltefolie, darüber ein Stück kratzige blaue Wollunterhose, von der Großmutter gestrickt und höchst ungern getragen. Ein paar Tage später ist der Hals wieder frei, mit wackligen Beinen und etwas dünner steht sie aus dem Bett auf. Du bist aber noch ganz schön blass!, wird gerufen. Alles wirkt ein wenig fremd und entfernt, sie fühlt sich anders als die Geschwister, fast geadelt durch die überstandene Krankheit, nicht handfest alltäglich, sondern ätherisch abgehoben, aber dieses Gefühl hält nicht lang an, dann ist sie wieder Teil der Welt, und alles ist wieder gut. Für alles gibt es ein Heilmittel, und wenn die Kinder über Bauchschmerzen jammern oder ihnen sonst nicht wohl ist, schmiert der Vater als Medizin Senf auf die kleinen Zeigefinger, und das hilft immer.

Aber diese Krankheit wird nicht wieder gut. Der Onkologe sagt zu ihrem Mann: Der Tumor trachtet Ihnen nach dem Leben, und dann sagt er lange nichts mehr. Auf der Wiese vor dem Fenster übt eine Frau Yoga, den Sonnengruß. Es ist Sommer, hell und heiß. Nach Vorschrift verbreitet der Arzt Hoffnung. Chemotherapie. Operationen. Noch mehr Chemotherapie. Nichts hilft. Streng verbietet sie sich zu recherchieren. Dennoch weiß sie, wie niedrig die Heilungschancen sind.

Sie will es nicht wissen und weiß es doch. Durchwandert das Labyrinth des Internets auf der Suche nach Heilmethoden. Eine Frau aus Kanada braut einen magischen Trunk, und sie, Tochter von Ärzten und zu größter Skepsis erzogen, besorgt dennoch die verschiedenen Kräuter, steht Abend für Abend in der Küche und rührt den Sud zusammen. Er trinkt ihn nur ihr zuliebe. Sie weiß, es ist so effektiv wie der Senf auf dem Finger, nur kann es hier keinen Placebo-Effekt geben. Und dennoch, und dennoch. Sie will etwas tun, wo es nichts zu tun gibt. Aber man muss doch etwas tun können!

Die Nachbarin sagt mitfühlend: Mein Bekannter hatte dasselbe. Der war ein so starkes Mannsbild. Und drei Monate später war er tot. Im Fahrstuhl wenden sich andere Nachbarn von ihr ab, als sei sie ansteckend. Manche Freundinnen melden sich nicht mehr. Es ist zu viel, sagen sie, wir verkraften es nicht. Ihre Schwestern kümmern sich, die Eltern, eine Freundin in München, und N.

Sie fährt zusammen mit ihrem Kind nach Japan, er möchte das so. Will mit der Krankheit allein sein. Er liest Bücher über den Vietnamkrieg. Das hilft mir, sagt er, das war viel schlimmer.

In Japan unterrichtet sie an verschiedenen Universitäten. Das Kind faltet während der Vorlesungen Kraniche, das haben sie vorher zusammen geübt. Es verteilt Origami-Papier an die Studenten, und automatisch fangen sie an zu falten, sie haben das alle schon im Kindergarten gelernt. Nach der Vorlesung sammelt das Kind Kraniche und Dinosaurier, Mäuse und Hasen, Pferde, Blumen und Blumen ein. Im Hotel sortieren sie sie. Bald haben sie über fünfzig Frösche. Die Frösche sind ihnen am liebsten. Manche können sogar hüpfen, wenn man mit dem Daumen auf ihren Rumpf drückt.

In Kyushu lernt sie einen Professor kennen, der die Krankheit ihres Mannes überlebt hat. Er meint, er verdanke sein Leben einem Trunk, den ein Arzt aus Hokkaido erfunden hat. Er wird in Flaschen vertrieben und ist sehr teuer, aber er habe jeden Abend ein Schnapsglas davon getrunken, und es habe, wie man sieht, geholfen. Der nette Professor und seine ebenso nette Frau besorgen für sie eine Flasche. Die Flüssigkeit ist dunkelgrün und riecht nach Artischocken. Sie ist kurz versucht, sie zu probieren, aber kein Tropfen dieser kostbaren Medizin darf verlorengehen. Das Label ist golden, und sie versteht nicht, was daraufsteht. Zwei Flaschen lassen sich in der kurzen Zeit besorgen, und sie nimmt sie mit nach Deutschland. Ihr Mann sagt, das Zeug schmecke nur geringfügig besser als ihr Sud, aber er trinkt jeden Abend nach Anweisung ein Schnapsglas davon.

Eine andere Bekannte in Japan besorgt eine Zeitlang Nachschub, aber dann gibt es einen Engpass, und sie gerät in Panik, weil doch jeden Tag von dem Heiltrunk getrunken werden muss, jeden Abend! Da darf es keine Pause geben! Fährt denn niemand nach Japan? Kennt denn niemand jemanden, der eine Flasche mitbringen könnte? Lass doch, sagt der Ehemann, hilft doch sowieso nicht. Aber sie weigert sich, den Versuch aufzugeben. Ein Geschäftsmann taucht auf, Bekannter von Bekannten, mühsam wird der Transport einer weiteren Flasche organisiert. Sie soll den Mann in Schwabing in einer Kneipe treffen, um die Flasche entgegenzunehmen.

Ein Mann Anfang fünfzig in einem teuren Anzug erwartet sie, er trägt eine Rolex, das zu lange graue Haar gegelt. Bevor er ihr die Flasche gibt, will er unterhalten werden. Jetzt rücken Sie schon die Flasche raus, will sie schreien, aber sie hält sich an die Spielregeln. Sie ist charmant, hört ihm zu, lächelt höflich. Erst erzählt er von seiner wertvollen Sammlung von Netsuke, kleinen geschnitzten Figuren, dann von seinen japanischen Geliebten. Er könne gar nicht mehr mit Europäerinnen, die seien ihm alle zu weit, die Asiatinnen seien ja so viel enger. Er wartet auf ihre Reaktion. Sie verzieht keine Miene. Sieht ihn einfach nur an. Er bestellt schnell hintereinander drei Gläser Rotwein, kippt sie weg. Sie sieht, dass er ein Alkoholproblem hat. Sieht seine Einsamkeit. Sie hält still, bis er all seine Geschichten abgeladen hat und sie endlich die Flasche bekommt. Er will ihr Geld nicht annehmen. Bietet an, vom nächsten Geschäftstrip wieder eine Flasche mitzubringen.

Danke, sagt sie, das wäre nett.

Schreib über Medizin. Über Hausmittel. Darüber, was man in deiner Familie für wirksame Heilmethoden gegen Schnupfen, Husten und Halsschmerzen gehalten hat. Und was man auf gar keinen Fall tun darf, um nicht krank zu werden: barfuß herum-

laufen, mit nassen Haaren vor die Tür. Verschwitzt sein und sich nicht abtrocknen. Keinen Schal tragen, bauchfrei gehen, mit offenem Mund Fahrrad fahren. Sich auf kalte Mäuerchen setzen. Nachts das Fenster zu weit öffnen.

Glauben

Manchmal nehme ich homöopathische Kügelchen, obwohl ich nicht dran glaube. Ich klopfe auf Holz. Binde in Japan weiße Papierstreifen an die Bäume, auf die ich schreibe: Werd gesund, werd gesund! Ich blase mir verlorene Wimpern aus dem Gesicht und flüstere: Werd gesund, werd gesund. Ich konsultiere das *I-Ging,* das Buch der Wandlungen, und versuche, daraus schlau zu werden. Alles verwandelt sich, alles gehört zusammen, es gibt das eine nicht ohne das andere. Ich versuche zu lernen: Alles, was kommt, geht. Alles was groß ist, wird klein. Alles, was klein ist, wird groß. Alles, was voll ist, wird leer. Alles, was leer ist, wird voll. Nein, nein, nein, schreie ich wütend, das will ich nicht. Ich will es einfach nicht. Ich will, will, will nicht! Meine Mutter sagt, als ich klein bin: Herr Will, der wohnt hier nicht. Aber ich kapiere schnell, dass nur dann etwas geschieht, wenn ich es wirklich, wirklich will. Was denn nun?

Wir reisen durch China, ganz frisch verheiratet.

Mein Mann sieht so unglaublich gut aus, ich kann gar nicht aufhören, ihn anzuschauen. Ich sehe nicht China, ich sehe meinen Mann. Ich stehe auf der Chinesischen Mauer und sehe nur ihn. Ich latsche durch die Verbotene Stadt und sehe nur ihn. Stehe auf dem Platz des Himmlischen Friedens und sehe nur ihn. Ich wünsche mir Verbotenes und Himmlisches mit ihm, und beides bekomme ich. In Shanghai liegen wir unter goldenen Bettdecken und sehen den alten Damen auf den Dächern beim morgendlichen Chigong zu. In Xian knutschen wir öffentlich auf der Straße. In Peking absentieren wir uns von unserer Delegation und streifen allein durch die Stadt. Überall in China sitzen wir in Kinos und hören staunend zu, wie man auch hier über unseren Film lacht. Überall fotografiert er mich, und unter seinem Blick fühle ich mich schön. Kichernd ertragen wir offizielle Veranstaltungen mit endlosen Reden und können die Hände nicht voneinander lassen. Wir rühren in Suppen mit Entenfüßen und lachen und schnattern. Es wird gesoffen und gesungen, ein deutsches Lied wird gefordert, und ich schmettere: »Ein Schiff wird kommen, und das bringt mir den einen, den ich so lieb wie keinen«, während ich tief in seine Haselnusssaugen sehe. Ich bin albern und glücklich. Er wird eifersüchtig auf einen Mann, der mit mir singt und mich ein wenig zu lang angesehen hat, er spricht nicht mehr mit mir, versinkt mitten in China in seinem schwarzen Loch. Unglück breitet sich in mir aus wie Tinte. Allein verlasse ich das Hotel, was nicht erlaubt ist, und irre über einen Markt. Überall werden Lebensmittel verkauft, auf kleinen Feuern gekocht und gebraten. Die Kinder laufen in dick wattierten Anzügen herum mit einem offenen Schlitz über dem Po, damit man sie nicht umständlich aus den Anzügen schälen muss, wenn sie aufs Klo müssen. Man kann ihre blau gefrorenen Pobacken durch den Schlitz sehen. Ich stehe auf dem Markt und fange an zu weinen. Denke an meinen Mann im Hotelzimmer und frage mich, ob mein Leben geprägt sein wird von seiner wilden Eifersucht. Ein Kind glotzt mich an und bricht ebenfalls in Tränen aus. Seine Mutter betrachtet mich neugierig und hebt den Saum meines Mantels, um Stoff und Naht zu prüfen. Ich friere in meinem Mantel aus billigem Webpelz mit Tigermuster, kaufe mir für wenig Geld einen grünen, dick wattierten Militärmantel. Kehre in dem neuen Mantel zurück ins Hotel und frage ihn: Weißt du denn wirklich nicht, dass ich nur dich sehe und sonst niemanden? Alles Unglück ist mit einem Wimpernschlag vorbei, und er wird nie, nie wieder eifersüchtig sein.

Mit der Zeit rennen wir nicht mehr konfus herum, sondern nehmen Platz in unserem gemeinsamen Leben wie auf einem gemütlichen Sofa. Wir wissen noch nicht, dass wir ein Jahr später Eltern werden, wir wissen nicht, dass er nur noch sieben Jahre zu leben hat. Wir wissen noch nicht, dass auf dem Platz des Himmlischen Friedens nur ein halbes Jahr später, am 4. Juni 1989, die Panzer fahren und Studenten erschossen werden. Am 4. Juni 1989 werfe ich meinen grünen Militärmantel in Deutschland in eine Mülltonne.

Als uns das große Unglück ereilt, befrage ich das I-Ging. Was wird sein? Es antwortet mit *Dschun*, der Anfangsschwierigkeit: *Oben ist das Wasser, der Abgrund, unten das Chaos, der Donner*. Ja, genau so fühle ich mich, unten wie oben nur Gefahr für Leib und Leben. *Die Anfangsschwierigkeit bewirkt erhabenes Gelingen, fördernd durch Beharrlichkeit. Man soll nichts unternehmen.* Ich brüte über diesen kryptischen Texten und versuche, Trost aus ihnen zu saugen. *Alles, was wird, ist schwierig. Wie eine Geburt. Alles ist in Bewegung. Trotz Gefahr gibt es Aussicht auf großen Erfolg, wenn man beharrlich ist.* Ich atme auf. Aber es geht weiter: *Alles ist dunkel. Abwarten ist gefordert, denn zu frühes Handeln kann Misserfolg bringen.* Immer wieder, so scheint es, will das I-Ging mir beibringen, stillzuhalten. Nichts zu tun. Auszuhalten. Zu akzeptieren. Und das ist für mich das Allerschwierigste. Herr Will, der wohnt hier nicht. Wenn ich wenigstens an etwas glauben könnte.

Von meiner Großmutter wird erzählt, dass sie als Kind im Gitterbettchen saß und ihr Ball aus dem Bett fiel. Sie erinnerte sich an etwas, was sie in der Kirche gehört hatte, und fing an zu beten: O mein Gott, aus tiefster Not fleh ich zu dir. Der Familienhund kam, schnappte den Ball und brachte ihn ihr zurück. Ein klarer Gottesbeweis.

Ich hörte meinen kleinen Neffen bei der Besichtigung der Wieskirche flüstern: Lieber Gott, mach, dass ich ein Taschenmesser bekomme. Mein Mann lief zum nächsten Laden, kaufte ein Taschenmesser und legte es am Wegesrand so ins Gras, dass mein Neffe es finden musste.

Mein Großvater ging immer nur kurz vorm Segen in die Kirche und sang als Text zu allen Liedern »gummiarabicum«, weil er meinte, dass das immer passt. Als er starb, wollte ich als Teenager Zuflucht in einer Kirche suchen, aber sie war geschlossen, und wütend beschloss ich, nie wieder hinzugehen.

Kurz nachdem mein Mann gestorben ist, besuche ich die Osterprozessionen in Sevilla und finde im todtraurigen Gesicht der Jungfrau Maria Trost.

Leben ist Leiden, sagt Buddha ganz lapidar, es ist normal zu leiden. Diesen Satz finde ich hilfreich. Eine Freundin hat ein Buch eines tibetischen Lamas gelesen, und zufällig kommt dieser Lama in meine Stadt. Ich habe keine Ahnung von tibetischem Buddhismus und Lamas, bis dahin kannte ich nur spuckende Lamas in Peru. Ich taumele auf den Lama zu, klein und kompakt in ein rotes Tuch gewickelt sitzt er auf einer Art Thron. Mein Mann ist lebensgefährlich erkrankt, sagte ich unter Tränen, ich habe Angst. *Shut up, sit and watch your breath,* sagt er ungerührt. Ich befolge seinen Rat, weil ich keinen anderen mehr habe, setze mich auf ein Kissen, halte die Klappe und beobachte meinen Atem. Es verhilft mir zu kurzen Momenten der Angst- und Schmerzfreiheit. Eine kurze Pause vom Schrecken. Nach dieser kurzen Pause bin ich wieder fähig zu agieren, ohne an meiner eigenen Panik zugrunde zu gehen. Ich atme ein und aus und aus und ein, und weiß, dass ich ein und ausatme. Sonst nichts.

Ich gehe in keine Kirche. Das machen andere. Ein ehemaliger Lehrer pilgert für meinen Mann nach Oberammergau zur schwarzen Madonna. Ein anderer zündet jeden Sonntag Kerzen an.

Auf meinem Kissen ist es langweilig, es gibt keine Erleuchtung. Auf all den Kissen, auf denen ich seitdem in Klöstern und Zentren in verschiedenen Städten, in meinem Zimmer und Hotelzimmern gesessen bin, geschieht nie etwas Großartiges oder Erbauliches oder Wunderbares. Nur das ganz normale Leben. Die Töne, die Geräusche, die Gerüche, mein eigenes pochendes Herz, der Blödsinn, der durch meinen Kopf hüpft, all die Gefühle wie ständig wechselndes Wetter, aber alles, wirklich alles, vergeht auch wieder. Alles nichts Besonderes, und das ist das Erholsame.

Und als mir dann etwas Besonderes widerfährt, habe ich gar keine große Lust drauf: Ich schließe mein Fahrrad von einem Zaun, es ist ein regnerischer, kühler Tag, eilig will ich losfahren, da erscheint mir Jesus. Ganz real steht er neben meinem Fahrrad und sagt auf Englisch: *He will live*. Ich weiß, er redet von meinem Mann. Wow, denke ich schnippisch, und wo wird er leben? In deinem Reich Gottes oder hier bei mir? Und schon schwinge ich mich aufs Fahrrad und fahre davon. Wie seltsam, denke ich erst danach. Ich hatte eine Erscheinung und bin davongefahren. Ich habe Jesus stehenlassen.

Meine Eltern brachten uns Kindern das Beten bei, damit wir wissen, wie es geht, falls wir es mal brauchen. Ich bringe es deshalb auch meinem Kind bei. Mit drei Jahren will es Papst werden und am liebsten in Kirchen gehen. Einer lebensgroßen Holzskulptur des leidenden Christus in einer Wallfahrtskirche klebt es in einem unbeobachteten Moment Dinopflaster auf die Wunden. Es betet hingebungsvoll vor dem Einschlafen. Ich setze mich auf ein Kissen neben sein Bett, bis es einschläft. Zusammen atmen wir ein und aus und aus und ein.

Schreib darüber, woran du glaubst. Hattest du eine religiöse Erziehung? Glaubst du an Gott? Wer ist dieser Gott, diese Göttin? Wie erinnerst du dich an Kirche, Tempel, ans Beten, an religiöse Bilder, an Rituale? Woran hast du als Kind geglaubt, woran glaubst du jetzt?

Einsamkeit und Fische

Ein wirklich einsamer Anblick ist ein Goldfisch allein in einem Glas. Das Kind wünscht sich ein Haustier. Es bekommt einen Fisch. Wie sind wir auf diese grausame Idee gekommen? Er schwimmt in einem großen runden Glas im Kreis, hellorange, sein Name ist Mr. Fish. Vielleicht liegt es an einem heißgeliebten Bilderbuch, in dem ein Kind ermahnt wird, einen Fisch im Aquarium zwar zu füttern, aber auf keinen Fall zu viel. Es kommt, wie es kommen muss, der Fisch bekommt zu viel zu fressen und wird immer größer, irgendwann passt er noch nicht einmal mehr in die Badewanne. Unser einsamer Mr. Fish wird auch zu viel gefüttert, aber er wird nicht größer, sondern stirbt. Eines Morgens schwimmt er mit bleichem Bauch nach oben, vorsichtig trage ich ihn zum Klo, und als ich ihn wegspüle, sieht er im Wasserstrudel lebendiger aus als vorher. Um Wehklagen und Herzeleid des Kindes zu vermeiden, kaufe ich heimlich einen neuen. Mr. Fish lebt ein kurzes Weilchen in seiner Reinkarnation weiter, niemand merkt etwas. Wir schauen ihm zu, wie er scheinbar fröhlich im Kreis schwimmt, und ich schäme mich ein bisschen für meinen Betrug. Nur ein sehr kleines bisschen, wenn ich ehrlich bin.

Mr. Fish erinnert mich an all die Fische, die ich als Kind beim Schnorcheln und Tauchen betrachtet habe. Immer hatte ich, bevor ich untertauchte, Angst vor der Unterwasserwelt. Fürchtete mich vor meinen eigenen Atemgeräuschen, die gespenstisch klangen und mir bei jedem Atemzug sagten, dass ich nur so lange leben werde, wie ich einatme. Dass es irgendwann ein Ausatmen ohne Einatmen geben wird.

Die Fische betrachten mild neugierig dieses seltsame Wesen, das zu ihnen herabschwebt, vorsichtig beknabbern sie die fremde Menschenhaut. Wie die letzte Überlebende der Welt über Wasser schwimme ich unter ihnen. Mein Körper sieht anders aus, weißer und größer als an Land. Ich gleite dahin wie geträumt, die Reflexe der Sonne über mir, unter mir das immer dunkler werdende Blau. Das große Blau. Wie wäre es, immer weiter hinabzusinken? Eine diffuse, aber nicht unangenehme Einsamkeit umgibt mich. Kommunikation mit den Fischen ist unmöglich. Gegenseitiges Unverständnis. Wie hält man es wie sie für immer unter Wasser aus? Über Wasser denke ich oft an die Welt unter

Wasser. Ich besorge mir Aufnahmen von Walgesängen, höre sie vorm Einschlafen. Sie klingen so, wie ich mich unter Wasser fühle, ein wenig melancholisch. Die Fische und ich leben gleichzeitig in diesem einen Augenblick, als Kind frage ich mich, ob es uns überhaupt unabhängig voneinander gibt? Nach einer Weile möchte ich gar nicht wieder auftauchen und zurückkehren in die Welt über Wasser, die unruhig und laut ist und in der ich mich oft als Außenseiterin fühle und nicht verstehe, was verdammt noch mal mich zur Außenseiterin macht.

Mein Vater taucht für sein Leben gern, weil er als Farbenblinder unter Wasser die Farben intensiver sieht, wie er sagt. Über Wasser kann er Rot und Grün nicht auseinanderhalten, und oft ruft ihm meine Mutter vor einer Ampel zu: Rot! Grün! Unter Wasser ist er glücklich, wie er sagt, nicht nur wegen der Farben, sondern auch, weil seine ausnahmslos weibliche, sonst ständig schnatternde Familie stumm um ihn herumschwimmt. Er fängt an, unter Wasser zu filmen, baut komplizierte Plexiglasgehäuse für die Kamera, in die regelmäßig Wasser eindringt. Nach den Ferien werden ausgedehnte Super-8-Film-Abende gegeben, eigentlich sieht man immer nur graue Fische in milchig-blauem Wasser, aber meine Eltern rufen begeistert: Kannst du dich an den Fisch da erinnern und jenen dort?

Nach dem Tod meines Mannes verliebe ich mich tatsächlich neu. Lange kann ich es selbst nicht glauben. Der neue Mann ist ebenfalls ein wunderbarer, aber völlig anderer Mensch, der mich in keiner Weise an meinen ersten Mann erinnert. Vielleicht geht es deshalb. Vielleicht auch, weil eine große Liebe durch den Tod zu Ende ging und nicht durch Ermüdung, Zerrüttung, Enttäuschung. Ich kenne fast niemanden in meinem Alter, der nicht getrennt ist, geschieden, und niemanden, der so jung verwitwet ist. Ich hasse dieses Wort: Witwe. Ich kreuze es auf Formularen nie an, sondern wähle alleinstehend. Ich will keinen verbalen Witwenschleier tragen.

Mit dem neuen Mann fahren wir weit weg, in einen kleinen Ort auf den Philippinen. Wir gehen tauchen. Ich habe mir das nicht gewünscht. Ich will gar nicht tauchen, ich erinnere mich nur noch an den grässlichen Geschmack vom Gummischnorchel, das taube Gefühl auf den Zähnen, das röchelnde Atemgeräusch unter Wasser, die diffuse Angst vorm Untertauchen. Ich springe vom Boot ins Wasser – und schlagartig ist alles so, wie es damals war. So still, so bunt, so friedlich. Zutraulich schwimmen die Fische auf mich zu, als hätten sie mich lange nicht gesehen, sie knabbern an mir, schwimmen wieder weiter, ungerührt, unbewegt, gleichmütig, nichts ist gut, nichts ist schlimm, alles bewegt sich im Rhythmus der Wellen. Ich sehe meine kleine Familie unter Wasser. Sie ist da, in Reichweite. Ich höre mich atmen, ich atme immer noch. Erstaunlich. Ein und aus und aus und ein. Ich höre mir beim Atmen zu und merke, dass sich meine Taucherbrille mit Wasser füllt. Ich weine unter Wasser. Und darüber muss ich lachen. Ich verschlucke mich, muss auftauchen, keuche und huste, werde aus dem Wasser aufs Boot gezogen, besorgt beugt man sich über mich. Ich kann nicht aufhören zu lachen. Ich liege auf dem Bootsboden und winde mich vor Lachen. *She crazy*, sagt der Bootsbesitzer.

Yes, sagt mein neuer wunderbarer Mann, *she very crazy*. Und er lacht. Alles ist gut. In diesem Augenblick ist alles gut.

Schreiben ist Unterwassertätigkeit, ein Abtauchen in Regionen, die einem unbekannt sind oder die man vergessen hat. Man entfernt sich von der Welt über Wasser und darf nicht in Panik geraten. Man taucht ab in das eigene Leben. In das Leben, das man wirklich hat, nicht das, das man sich vielleicht wünscht. Man ist mit einem Mal dort, wo einem niemand zuschaut. Ganz bei sich. Ruhig weiteratmen! Weiterschreiben. Weitermachen. Jeder Tag ist ein guter Tag. Ha!

Inhalt

Selber schreiben

Doris Dörrie im Diogenes Verlag

Liebe, Schmerz und das ganze verdammte Zeug

Vier Geschichten

Vier großartige, liebevolle, traurige, grausame Geschichten: *Mitten ins Herz, Männer, Geld, Paradies.* Geschichten von befreiender Frische.

»Doris Dörrie schreibt in hervorragendem Stil: modern, sehr frei und darum packend. Sie stellt mit ihrer unerschöpflichen Phantasie die Abgründe des menschlichen Charakters dar. Ohne moralisierenden Zeigefinger, sondern eben ein bisschen komisch, ein bisschen tragisch.« *Hamburger Nachrichten*

»Atemberaubende Gratwanderung zwischen Komödie, Melodrama und Tragödie.«
Der Spiegel, Hamburg

Daraus die Geschichte *Männer* auch als Diogenes Hörbuch erschienen, gelesen von Anna König

»Was wollen Sie von mir?«

Erzählungen
Mit Fotos von Helge Weindler

Sechzehn Erzählungen: Mit diesen knappen, manchmal melancholischen, manchmal sehr komischen Geschichten gelingt Doris Dörrie ein kleines Panorama unserer verrückten Gesellschaft. Märchenhafte Geschichten, bei deren Lektüre man immer wieder an den großen Meister der kleinen Form denkt, an Anton Čechov.

»Es ist vollkommen gleichgültig, ob Sie Doris Dörrie in der Badewanne, im Intercity-Großraumwagen, im

Lehnstuhl oder in der Straßenbahn lesen, nur: Lesen Sie sie!« *Deutschlandfunk, Köln*

»Vor allem freut man sich, dass Doris Dörrie den eitlen Selbstbespiegelungen der neuen deutschen Weinerlichkeit eine frische, starke und sensible Prosa entgegenstellt.« *Kölnische Rundschau*

Der Mann meiner Träume

Erzählung

Dies ist die Geschichte von Antonia, die den Mann ihrer Träume tatsächlich trifft. Eine moderne Liebesgeschichte, eine heutige Geschichte, deren Thema so alt ist wie die Weltliteratur, eine Geschichte von der Liebe. Ein phantasievolles Großstadtmärchen über die Suche nach der verlorenen Liebe in unserer verrückten Welt.

»Ein kleines, unsentimental-kluges Buch ist ihr gelungen, eine nahezu klassische Story über die Liebe, die Hirn und Herz betörende Macht, und über das Scheitern der Liebe natürlich.«
Sabine Küchler / Deutschlandfunk, Köln

»Doris Dörrie ist eine sehr gute Kurzgeschichten-Schreiberin mit der erforderlichen Prise Selbstironie und mit stilistischer Eleganz.«
Annemarie Stoltenberg / Die Zeit, Hamburg

Auch als Diogenes Hörbuch erschienen,
gelesen von Heike Makatsch

Für immer und ewig

Eine Art Reigen

Achtzehn Erzählungen: Von der Teeny-Romantik über die ersten herben Enttäuschungen der Twens zu den Irrungen und Wirrungen der Forties und Fifties – Dörries Erzählungen übertreffen sich an Dichte und lakonischer Genauigkeit. Ihr trockener Witz, ihre plastische, unprätentiöse Erzählweise konzentrieren sich auf die Entwicklung ihrer Figuren. Sie zeigt, wie er an uns nagt, der Zahn der Zeit.

»In *Für immer und ewig* finden sich mehr, klügere, originellere und einleuchtendere Beobachtungen über die langen Schwierigkeiten oder kurzen Herrlichkeiten zwischenmenschlicher Beziehungen als bei irgendeinem anderen Autor, irgendeiner anderen Autorin aus Doris Dörries Generation.«
Joachim Kaiser / Süddeutsche Zeitung, München

Bin ich schön?

Erzählungen

Leopold und seine junge Frau wollen es anders machen als ihre spießigen Nachbarn. Sie bitten die vietnamesische Asylantenfamilie Hung zu sich ins Haus, laden sie zum Tee und zum Essen ein, schenken ihnen warme Winterkleidung und ein Paar ›Neue Schuhe für Frau Hung‹. Doch es kommt anders, als sie denken. Siebzehn tragisch-komische Geschichten, die nachdenklich stimmen, weil sie so hemmungslos ehrlich sind.

»In siebzehn miteinander verzahnten Geschichten erzählt sie von den Irrungen und Wirrungen des Lebens, lässt uns über immer neue Schultern ins Leben der anderen und nicht selten in den Spiegel schauen.«
Buchkultur, Wien

»Ernst, mitfühlend, dramatisch.«
Doja Hacker / Der Spiegel, Hamburg

Samsara

Erzählungen

Sie befragen das *I Ging*, versuchen es mit dem Buddhismus, lassen ihre Wohnungen auf gute oder böse

Chi'is untersuchen, suchen ihr Glück bei Sushi-Dinners oder in Hollywood. Die Generation der heute Mittvierziger, die angetreten war, in Liebe, Familie, Beruf alles so viel toleranter, cooler, besser zu machen als ihre Eltern, sieht sich heute vor Fragen stehen, die sich nicht einfach mit einem lockeren ›think positive‹ lösen lassen.
Fünfzehn tragisch-komische Geschichten über Gestern und Heute, die gar nicht so weit auseinanderliegen, wie wir oft glauben.

»Geschichten, die von Verzweiflung, Hoffnung und Liebe handeln – und, wie meist bei Doris Dörrie, mit leichter Hand und lakonischem Witz erzählt werden.«
Freundin, München

Was machen wir jetzt?

Roman

Wie weiter, wenn die Frau ihr Heil im Buddhismus sucht, die siebzehnjährige Tochter mit einem tibetischen Lama auf und davon will und einen selbst Geld und Erfolg nicht glücklich machen? Diese Fragen stellt sich nicht nur Doris Dörries Romanfigur Fred Kaufmann. Doch die Autorin zeigt uns mit einem lachenden und einem weinenden Auge: nur Mut, es gibt ein Leben über vierzig!

»Lange hat es keine Autorin mehr gewagt, so mutig in die Seele eines Mannes zu blicken. *Was machen wir jetzt?* ist ein mit Witz im besten Sinne durchsetzter, kluger Roman – ganz wunderbar.«
Volker Hage/Der Spiegel, Hamburg

Happy

Ein Drama

Drei befreundete Paare treffen sich zum Abendessen im schicken Apartment von Charlotte und Dylan.

Doch die Fröhlichkeit, die solche Treffen in früheren Zeiten bei einer Pizza in der Kneipe um die Ecke hatten, will sich nicht mehr so recht einstellen: Emilia und Felix fühlen sich ausgestoßen, weil sie seit kurzem kein Paar mehr sind, zwischen Charlotte und Dylan knistert es unangenehm, einzig Anette und Boris sind noch glücklich verliebt. Und als Emilia plötzlich behauptet, dass die meisten Männer ihre Frauen im Dunkeln nicht erkennen würden, beginnt ein Experiment, das Folgen haben wird.

»Das ist Doris Dörries Revier: Ihrer ratlos herumpaddelnden Generation mit viel Ironie zugucken und den Humor als die einzige Form des Überlebens feiern. Komik als Klugheit. Das hat sie drauf, die Dörrie.«
Norddeutscher Rundfunk, Hannover

Das blaue Kleid

Roman

Florian hat seinen Geliebten durch den Tod verloren, Babette ihren Mann. Die Suche nach dem blauen Kleid bringt die beiden zusammen: Geteiltes Leid ist halbes Leid? Wenn es nur so einfach wäre... Ein Roman voller schmerzlich schöner Erinnerungen an einen geliebten Menschen und von den verzweifelten Versuchen, das pralle Leben zurückzuerobern.

»Klischeefrei und lebensklug jongliert Doris Dörrie mit den großen Themen Liebe, Abschied und Tod. Nach der Lektüre hatte ich das Gefühl, dass ein bisschen Trost in unsere chaotische Welt eingezogen ist.«
Franziska Wolffheim / Brigitte, Hamburg

»Hilft immer, dieses Buch: Es gibt ein Leben nach dem Tod des Geliebten. Es gibt eine Liebe nach der Liebe. Sehnsucht kann man nicht verlernen.«
Elmar Krekeler / Die Welt, Berlin

Mitten ins Herz

und andere Geschichten
Ausgewählt von Daniel Keel
Mit einem Nachwort der Autorin

Ob sie über Männer, den Vater der Braut oder die Frage ›Bin ich schön?‹ schreibt, Doris Dörrie schaut genau hin, überrascht uns mit unerwarteten Wendungen und herzerfrischender Komik.
Doris Dörries beste Geschichten in einem Band.

»Doris Dörrie gelingt eine perfekte Mischung aus Erhabenheit und Leichtigkeit – und so am Ende das Kunststück, glaubwürdige Figuren reden, handeln, leiden und (an sich) zweifeln zu lassen.«
Volker Hage / Der Spiegel, Hamburg

Und was wird aus mir?

Roman

Rainer, einst hoffnungsvoller Jungregisseur aus Deutschland in L.A., lebt nur noch auf Pump und vom Bluff. Seine Ehe ist gescheitert, seine Frau mit der Teenagertochter nach Deutschland zurückgekehrt. Rainer lebt nur noch für die paar Wochen im Jahr, in denen er seiner Tochter Allegra den erfolgreichen Superpapa vorspielen kann. Aber eines Tages fliegt alles auf…

»Mit großer Lust an der Komik lässt Doris Dörrie die Masken der Filmwelt fallen und begegnet dem alltäglichen Zynismus mit Humor.«
Julia Encke / Annabelle, Zürich

»Ein lakonisches Meisterstück über den Moment, in dem Jugendträume zu Alterserinnerungen gerinnen.«
Petra, Hamburg

Auch als Diogenes Hörbuch erschienen,
gelesen von Doris Dörrie

Kirschblüten
Hanami

Ein Filmbuch

Rudi und Trudi sind seit dreißig Jahren ein Paar. Als Trudi plötzlich stirbt, fliegt Rudi zu Sohn Karl nach Japan, um das zu sehen, was Trudi wichtig war und was sie zusammen nicht mehr erleben konnten: ihren Sohn in Japan, die legendäre japanische Kirschblüte, den Fujiyama und auch den Butoh-Tanz, der früher einmal Trudis Leidenschaft gewesen war.
Kirschblüten – Hanami: ein poetischer, berührender Film darüber, dass es nie zu spät ist, einen Traum wahr zu machen.

»Die Lektüre dieses ›Filmbuchs‹ bereitet eine besondere Art von Lesevergnügen.«
Ruth Klüger / Die Welt, Berlin

»Vor allem hat Doris Dörrie den deutschen Beziehungsfilm von seinem unerträglich penetranten Lernprozess-Muff befreit und macht richtiges Kino. Das alleine ist schon eine Wohltat.«
Wolfram Knorr / Die Weltwoche, Zürich

Alles inklusive

Roman

Ein Sommer in Spanien, nach dem nichts mehr so sein kann, wie es war. Vier äußerst unterschiedliche Menschen, alle auf der Suche nach der Sonnenseite des Lebens. Aber kann man das Glück buchen wie einen Urlaub, alles inklusive?
Ein herzzerreißend komischer Roman über Mütter und Töchter, über die Zumutungen der Liebe und das Glück der Freundschaft, und über unsere ewige Sehnsucht nach dem Süden.

»Wie im Titel versprochen: gute Unterhaltung, Witz und Weisheit – und zwar satt. Bauchweh vor Lachen und Herzschmerz vor Mitgefühl. Perfekt für alle Sehnsüchtigen, die vom Süden träumen und ans Glück glauben.« *Angela Wittmann / Brigitte, Hamburg*

»Doris Dörrie ist eine Meisterin darin, das Komische in der Tragik zu beschreiben. Ihr neuer Roman ist leicht, schwer, lustig und traurig.«
Aachener Nachrichten

»Mit schmerzlicher Ironie und scheinbar leichthin erzählt Doris Dörrie von den großen Dingen des Lebens: Liebe, Schuld, Verlust, Krankheit und Tod.«
Dagmar Kaindl / News, Wien

Auch als Diogenes Hörbuch erschienen,
gelesen von Maria Schrader, Maren Kroymann,
Petra Zieser, Pierre Sanoussi-Bliss

Diebe und Vampire

Roman

»Sie müssen mich unbedingt besuchen, wenn Sie mal in San Francisco sind«, sagt die amerikanische Schriftstellerin zu Alice, einer jungen Deutschen, die sie im Urlaub in Mexiko kennengelernt hat. Alice, die vom Schreiben träumt und die Panik vor dem leeren Blatt mit obsessivem Lesen und den falschen Männern vertreibt, nimmt diese höflichen Worte wörtlich – und steigt ins Flugzeug.
Diebe und Vampire ist ein berührender Roman über die Vorbilder, die wir wählen – und was das Leben aus ihnen und uns macht.

»Ein sehr persönliches, manchmal auch schonungsloses Buch über die Schriftstellerei, das Älterwerden und die Hoffnungen, die uns durchs Leben tragen.«
Meike Schnitzler / Brigitte, Hamburg

Auch als Diogenes Hörbuch erschienen,
gelesen von Doris Dörrie

Patricia Highsmith

Suspense

oder Wie man einen Thriller schreibt

Aus dem Amerikanischen von Anne Uhde

Wie man einen Thriller schreibt – wer wüsste das besser als die Meisterin des subtilen Terrors und der Banalität des alltäglichen Schreckens? Patricia Highsmith lässt sich über die Schulter schauen, sie hat ein Werkstattbuch geschrieben für alle, die selbst schreiben oder nur wissen wollen, warum sie vom Werk dieser Autorin so gefesselt sind.

»Kein strenger Ratgeber, keine Nachhilfestunde für Krimi-Autoren – was Patricia Highsmith in ihrem Buch bietet, ist ein Flanieren durchs eigene Werk.«
Fritz Göttler / Süddeutsche Zeitung, München

»Der eine mordet in der Phantasie, der andere in der Realität. Dass es dazwischen ein ganzes Universum an Möglichkeiten gibt, zeigt die Highsmith.«
Martin Ebel / Tages-Anzeiger, Zürich